Gisbert Greshake ... wie man
in der Welt leben soll

Grundfragen
christlicher
Spiritualität

echter

Bibliografische Information der Deutschen Nationalbibliothek

Die Deutsche Nationalbibliothek verzeichnet diese Publikation in der Deutschen Nationalbibliografie; detaillierte bibliografische Daten sind im Internet über ‹http://dnb.d-nb.de› abrufbar.

© 2009 Echter Verlag GmbH, Würzburg
www.echter-verlag.de
Umschlag: Peter Hellmund (Foto: gettyone)
Satz: Hain-Team, Bad Zwischenahn
Druck und Bindung: Druckerei Friedrich Pustet, Regensburg
ISBN 978-3-429-03143-5

Inhalt

Hinführung 9
1. Vorwort 9
2. Der eine Spiritus und
   die vielen Spiritualitäten 10
3. Zum vorliegenden Buch 17

Erstes Kapitel
Wozu sind wir auf Erden? 21
1. Nach dem Sinn des Lebens fragen 21
2. Den Willen Gottes erfüllen? 27
3. Voraussetzungen einer Antwort:
   Der trinitarische Gott 29
4. In den trinitarischen Lebensvollzug
   hineinwachsen 35
5. Die „Logik" der Geschichte Gottes
   mit den Menschen 37
6. Ehe als intensivstes Paradigma 44
7. Communio als Gnade 48
8. Eucharistie – Gabe der Einheit 51
9. Auf dem Weg zur umfassenden Communio 54

Zweites Kapitel
Hören auf den Ruf 57
1. Berufung – um was geht es? 57
2. Vom Wesen des Rufes 59
3. Berufung und Beruf 65
4. Berufung und Christsein 68
5. Der Ruf „ins Eigene" 72

6. Der Ruf „ins Andere" 75
7. „Gebet der Aufmerksamkeit" 81
8. Erfahrungen und Kriterien des Rufes 83

Drittes Kapitel
Alltag und Fest 91
1. Vieldeutiges „Nazaret" 91
2. Der Alltag von Nazaret 93
3. Das Fest als „Moratorium" des Alltags 96

Viertes Kapitel
„Die Wüste gehört dazu ..." (Alfred Delp) 101
1. Metapher Wüste 101
2. Wüste als Ort des Schweigens – Hörens –
   Bestehens des Alltags 104
3. Wüste als Ort der Entscheidung –
   der Versuchung – des Kampfes 110
4. Wüste, die Oasen birgt 119
5. Kirche als Oase 122

Fünftes Kapitel
„In allen Dingen Gott finden" 127
1. Die Schöpfung – „Sakrament Gottes"? 128
2. Leib als Symbol des Menschen 130
3. Schöpfung als Symbol Gottes 133
4. Schöpfung als „Welt" 139
5. Die Entfremdungsgestalt der Welt –
   Sakrament des gekreuzigten Gottes 142
6. Wie geht das praktisch: Gott finden
   in allen Dingen? 144

Sechstes Kapitel
Tod im Leben – Leben im Tod 151
1. Umgang mit Tod und Sterben 151
2. Tod als Erfüllung des Lebens 154
3. Tod als sinnwidriger Abbruch 156
4. Sterben Christi und Mitsterben des Christen 158

Siebtes Kapitel
„Christen sind die, die Hoffnung haben" 167
1. Menschsein unter dem Vorzeichen der Hoffnung 167
2. „Auferstehung des Fleisches" – unterwegs zum gemeinsamen Ziel 172
3. Zur „Leibhaftigkeit" und „Konkretheit" menschlichen Lebens 175
4. In und an der Welt handeln 181

Achtes Kapitel
Beten im Angesicht des drei-einen Gottes 185
1. Gebet als „sprechender Glaube" 185
2. Die „westliche" trinitarische Gebetsdimension: „Im Heiligen Geist durch Christus zum Vater" 187
3. Die „östliche" Perspektive: Eingeborgen in die Communio des trinitarischen Gottes 189
4. Die Perspektive der Weltreligionen: „Oratio una in rituum varietate" 193
5. Der drei-eine Gott – das Geheimnis unüberbietbarer Nähe 198

Schriftstellenverzeichnis 201

Namensverzeichnis 204

Nachweise 207

Hinführung

1. Vorwort

Neben einigen größeren theologischen Studien konnte ich in den letzten Jahrzehnten eine Reihe von Beiträgen zu Problemen und Gestalten der Spiritualität veröffentlichen oder auf Tagungen vortragen. Eine Durchsicht dieser Beiträge ergab, dass diese trotz der Vielfalt angeschnittener Fragen eine enge thematische Nähe und Beziehung zueinander aufweisen. Deshalb habe ich mich entschlossen, sie von Grund auf so zu überarbeiten und miteinander zu verschränken, dass daraus ein geschlossenes Ganzes wird, das sich um die zentrale Frage bewegt: Wie kann und soll man als Christ in der Welt leben? Dabei geht es nicht um detaillierte Praxisanleitungen, um einzelne Handlungsmaximen und Verhaltensnormen, sondern eher um eine theologische Besinnung auf Grundhaltungen des Christseins sowie auf eine spirituelle „Topographie", d.h. auf wichtige Orte bzw. Zusammenhänge, in denen sich der Glaube geistlich zu bewähren hat.

Der Titel des Buches ist einem der bekanntesten Gedichte Walthers von der Vogelweide entnommen, der in den Nöten seiner Zeit schrieb:

„… dô dâhte ich mir mir vil ange,
wie man zer weelte sollte leben …"

„… eindringlich überlegte ich mir,
wie man in der Welt leben soll …"

Ebendies ist wohl auch die zentralste Frage der Spiritualität, jene Frage, die den einzelnen, oft so unterschiedlichen Spiritualitäten zugrunde liegt und sie alle umgreift. Insofern versteht sich das vorliegende Buch als ein Beitrag zu Grundfragen und -themen gegenwärtiger Spiritualität.

Mit dem Thema Spiritualität und Spiritualitäten ist nun aber ein Problem angesprochen, das es verdient, am Anfang wenigstens kurz erörtert zu werden: Was ist eigentlich Spiritualität und wie verhalten sich (die eine) Spiritualität und (die vielen) Spiritualitäten zueinander?

2. Der eine Spiritus und die vielen Spiritualitäten

Die Antwort liegt nicht auf der Hand. Denn es ist erst kaum eine Generation her, dass der Begriff Spiritualität in der deutschen Sprache eine Rolle zu spielen begann. In der 2. Auflage des prominenten „Lexikons für Theologie und Kirche" von 1964 gab es nicht einmal das entsprechende Stichwort. Was heute Spiritualität heißt, lief lange unter der Bezeichnung „Frömmigkeit". Unter Frömmigkeit wurde dabei nicht der einzelne religiöse Akt verstanden, sondern die umfassende Lebensgestaltung und Lebensordnung aus dem Glauben, ein Zusammenspiel also von vielen äußeren und inneren religiösen Vollzügen (persönliches Gebet, geistliche Lebensordnung, sittliche Verhaltensweisen, kultisch-rituelle Ausdrucksformen u. a.). Kurz: Frömmigkeit bezeichnete die Art und Weise, wie der Mensch seinen Glauben lebt. Zur Frömmigkeit gehörte wesentlich auch die *Askese*, nämlich die vom Willen geleitete Disziplinierung des eigenen Lebens auf Gott hin, und die *Mystik*, die persönliche Begegnung und Vereinigung mit Gott als Ziel des ganzen Frömmigkeitsweges. Doch ab dem 19. Jahrhundert erhielt der Begriff Frömmigkeit eine starke Beziehung zum *Gefühlsleben* und zur individuellen religiösen *Innerlichkeit*.[1] Gleichzeitig verband sich die Idee der Askese sehr einseitig mit der Idee des Willenstrainings, und Mystik wurde zu einer ganz elitären, ausgefallenen, nur für wenige Christen geltenden Größe. Von daher ist verständlich, dass es nur eine Frage der Zeit war, diesen verengten Begriff Frömmigkeit wie auch den der Askese und Mystik abzulösen. Und ebendas geschah durch das Wort Spiritualität. Dieses wurde der deutschen Sprache durch das französische („spiritualité") vermittelt, wobei der französische Begriff auf die frühchristlichen Worte spiritualis bzw. spiritualitas („geistlich" – „Geprägtsein-vom-Geist") zurückgeht.

In den letzten drei Jahrzehnten kam es dann schnell zu einem geradezu inflationären Gebrauch des Wortes „Spiritualität". Seither gibt es kaum ein Glaubensgespräch, ein religiöses Buch, eine Analyse der derzeitigen kirchlichen Situation, wo man ohne das Wort Spiritualität und seine Derivate auskommt. Man fragt und sehnt sich nach einer passenden „Spiritualität" oder „spirituellen Gruppe"; man möchte, dass die Kirche, ihr Erscheinungsbild und ihre Pastoral „spiritueller" seien. Ja selbst im außerchristlichen und außerreligiösen Bereich ist von Spiritualität die Rede. Weil das Christentum, wie nicht wenige glauben, weithin sklerotisch geworden ist und alle innere Lebendigkeit verloren hat, wendet man sich asiati-

---

1 Das dürfte bis heute so geblieben sein: Wenn man von jemandem sagt, er sei „fromm", meint man oft, dass dessen *intimes individuelles Gemüts*leben von seiner Gottesbeziehung her geprägt ist.

scher Spiritualität mit ihren Meditationsmethoden zu oder sucht in den traditionellen Religionen Südamerikas und Afrikas eine neue spirituelle Symbiose mit „Mutter Natur". Und dies kann auch durchaus ohne religiösen Kontext geschehen: Da, wo jemand Tränen vergießt, wenn ein alter Baum gefällt wird, oder wo jemand sich mit weißer Magie und Schamanentum einlässt, ist heute umstandslos von Spiritualität die Rede. Kein Wunder, dass in diesem vielfältigen Gebrauch der Begriff Spiritualität selbst äußerst vage und die jeweils gemeinte Sache sehr unscharf bleibt.

Nun ist in der Tat nicht leicht zu definieren, was Spiritualität ist. Denn vor aller begrifflichen Klärung bezeichnet Spiritualität eine *Form des Lebens*, und das heißt für den Christen: die *gelebte* Grundhaltung des Glaubens und die *gelebte* Hingabe des Menschen an Gott und seine Sache. Deshalb ist Spiritualität auch so vielgestaltig wie das Leben selbst und wie der Variationsreichtum möglicher Beziehungen zu Gott. Dabei unterstreicht die sprachliche Wurzel von Spiritualität, dass das Leben aus dem Glauben wesentlich ein Leben „im Geist" und „aus dem Geist" ist. Mehr noch: Es ist Werk des Heiligen Geistes. Er, der Spiritus, bewirkt die spiritualitas. Deshalb ist nach christlichem Verständnis Spiritualität zuallererst etwas, was mir vom Gottesgeist geschenkt wird und was an mir „geschieht". Sie ist weder ein Gedankenentwurf, den ich mir zurechtlege, noch ist sie identisch mit einer bestimmten Lebensordnung noch mit festen Frömmigkeitsformen und Verhaltensweisen, die ich eintrainiere (auch wenn es zur Einübung immer fester Formen bedarf). Ständige Initiative und primäres Subjekt aller Spiritualität ist der Heilige Geist.

Damit hängt ein Weiteres zusammen: Während Frömmigkeit nur im Singular vorkommt, verweist die Pluralbildung von Spiritualität auf die Pluralität der Vollzugsgestalten des Glaubens: Es ist der eine Spiritus, der die *Vielfalt* der Spiritualitäten hervorbringt. Vielfalt, Variationsbreite, Fruchtbarkeit in Fülle sind geradezu die charakteristischen Merkmale des Geist-Wirkens. Gewiss, es gibt gemeinsame Grundlagen, die für jede christliche Spiritualität gelten. Dazu zählt vor allem die Orientierung an der Heiligen Schrift, besonders an den Evangelien, am Beispiel Jesu und seinem Ruf in die Nachfolge. So kann man in einem durchaus richtigen Sinn sagen, dass es nur *eine* christliche Spiritualität gibt, nämlich jene, die ihre Ur-Kunde und Basis in der Heiligen Schrift hat. Aber die Schrift selbst ist durch eine solche Fülle von Aussagen und Weisungen, Lebensformen und Verhaltensperspektiven ausgezeichnet, dass kein Mensch sie alle in gleicher Weise und mit gleichem Gewicht als Handlungsmaximen und prägende Lebensformen verwirklichen kann. Jeder nimmt darin für sich selbst – anschaulich gesagt – „Unterstreichungen" vor; dadurch wird einiges hervorgehoben, anderes tritt eher zurück.

Man kann dafür leicht die Probe aufs Exempel machen, indem man irgendeine Gemeinschaft, Familie, Gruppe dazu auffordert, jeder möge in einer vorgegebenen Perikope jene Worte, Gestalten, Verhaltensweisen unterstreichen, die ihm wichtig erscheinen. Im nachfolgenden Vergleich wird deutlich, dass fast jeder etwas anderes unterstrichen hat, eben weil jedem etwas Unterschiedliches „eingeleuchtet" und jeden etwas anderes „angesprochen" hat. Einige Beispiele:

– Da unterstreicht der eine eher die Einladung zum Gebet („Kontemplation"), der andere die zum aktiven Tun („Aktion");

– dem einen ist die Aufforderung zur Gottesliebe besonders wichtig, einem anderen eher die zur Nächstenliebe;

– die eine fühlt sich angesprochen vom Vorrang, der dem Einzelnen zukommt, die andere vom Primat der Gemeinschaft;

- der eine hört aufmerksam den Ruf, in eine gewisse Distanz zur (bösen) Welt zu treten, der andere weiß sich gerade in diese Welt hineingesandt;
- die eine fesseln biblische Gestalten, deren Glauben sich in Affekt und Emotion äußert, die andere blickt eher auf nüchterne oder gar rational geprägte Formen des Glaubens.

Aus der unterschiedlichen persönlichen Gewichtung und „Filterung" der verschiedenen Aspekte entsteht die Verschiedenheit von Spiritualitäten, die es von jeher in der Kirche gab.

Es kommt ein Weiteres hinzu: Die Heilige Schrift weist nicht nur eine Fülle von unterschiedlichen Verhaltensnormen und Lebensgestalten auf, die niemand in ihrer Gesamtheit verwirklichen kann, sie ist auch geprägt durch eine nicht auf einen Nenner zu bringende Komplexität von Glaubensaussagen, die ihren Grund darin haben, dass wir hier vor der Offenbarung des unendlichen, unfassbaren Gottes stehen, die sich von uns nicht auf einen Nenner bringen lässt. Wir können von Gott und göttlichen Dingen nur so sprechen, dass wir dabei dieses oder jenes hervorheben, dabei aber gleichzeitig unterstreichen, dass auch das Gegenteil nicht völlig falsch ist. So geschieht unser Sprechen von Gott gewissermaßen „zwischen" Spannungspolen, die uns je in das unzugängliche Mysterium Gottes einweisen.

Solche Spannungspole der Heiligen Schrift und von da aus auch des christlichen Glaubens zeigen sich z.B. in folgenden Zügen:

- Einmal wird die Transzendenz Gottes *über* Welt und Geschichte betont, ein andermal die Immanenz Gottes *in* Welt und Geschichte;

– einmal liegt in der Vorstellung von Christus der Schwerpunkt auf seiner *göttlichen* Herkunft, Natur und Menschwerdung („Christologie von oben"), ein andermal wird die Aufmerksamkeit auf die *menschliche* Natur Christi und damit auf dessen Leben und Sterben gerichtet („Christologie von unten");

– einige biblische Autoren heben die Bedeutung der Auferstehung Jesu besonders hervor, andere die des Kreuzes;

– für einige neutestamentliche Schriften hat das Schon-jetzt der (inneren) Erlösung den Vorrang („Präsentische Eschatologie"), andere bestehen auf dem Noch-nicht der Erlösung, da diese sich noch nicht in Welt und Geschichte durchgesetzt hat („Adventliche Eschatologie").

Sowohl die vorhin genannte Vielfalt von biblischen Weisungen, Lebensformen und Verhaltensmustern wie auch die gerade angedeutete Komplexität der Offenbarung, die von uns nur in Spannungsbögen wahrgenommen werden kann, führen zu einer unterschiedlichen Aufnahme und Verwirklichung bei Einzelnen und ganzen Gruppen. Aus der je verschiedenen „Kombination" – sit venia verbo! – dieser Vielfältigkeit ergeben sich die verschiedensten Spiritualitäten. Man kann es auch so formulieren: Es kommt zu einer Vielzahl von Spiritualitäten, weil das eine Wort Gottes und der eine Geist Gottes auf je verschiedene Weise *im Adressaten* ankommen, gleich wie ein Sonnenstrahl sich in verschiedenen Edelsteinen auf verschiedene Weise bricht, so dass das eine helle Licht der Sonne durch unterschiedliche Brechung in den verschiedenen Kristallen und bei unterschiedlichen Einfallswinkeln einmal grün, einmal blau, dann wieder rot und wieder gelb erscheint.

Diese unterschiedliche „Brechung" von Wort und Geist Gottes im Menschen geschieht nun auf ganz verschiedenen Ebenen:

1. *Die persönliche Ebene*. Damit ist meine persönliche Eigenart und Situation gemeint, in der ich ganz persönlich von Gott berufen bin und von der aus ich auch die Heilige Schrift höre und lese und dabei – meist unbewusst – eine Auswahl treffe oder eine Wertung für mich vornehme. Denn, wie schon angedeutet, ist die Heilige Schrift durch eine solche Fülle und Komplexität von Aussagen ausgezeichnet, dass nicht alles jedem Einzelnen in gleicher Weise gilt und deshalb der Heilige Geist auch nicht jeden in die gleiche Richtung drängt. So wissen wir aus dem Leben vieler Heiliger, dass jemand beim Verlesen der Schrift von einem bestimmten Wort zutiefst getroffen wurde, so dass dieses sein ganzes weiteres Leben bestimmt, während ein anderer vom gleichen Wort völlig ungerührt blieb.

2. Eine zweite Ebene verschiedener Spiritualitäten basiert darauf, dass der Glaube des Einzelnen immer auch eingebunden ist in eine bestimmte *gemeinsame kulturelle, politische, soziologische Situation*, die ebenfalls die Aufnahme des Wortes Gottes und die Offenheit gegenüber dem Heiligen Geist in eine gemeinsame Richtung „bricht". Deshalb kommt es zu zeittypischen oder kulturspezifischen Spiritualitäten, etwa zur „Spiritualität des Barock", zur „asiatischen Spiritualität" usw.

3. Eine dritte Ebene der Verschiedenheiten von Spiritualitäten zeigt sich darin, dass der Glaube des Einzelnen meist auch in einer besonderen Gruppenzugehörigkeit gelebt wird, die ebenso zu einer spezifischen „Fokussierung" des geistlichen Lebens führt. Auf dieser Linie lässt sich darum von einer spezifischen Spiritualität bestimmter Gruppen sprechen, wie etwa von „Laien-Spiritualität" , „Spiritualität des Priesters", „Spiritualität der Ehe" und dergleichen.

4. Die vierte Ebene verschiedener Spiritualitäten hat ihren Grund darin, dass die eigene Spiritualität oft ein Echo auf spirituelle Gründergestalten und Lebensformen ist, die mir aus

der langen Geschichte der Kirche entgegenkommen, mir einleuchten und mich einladen, das eigene Leben daran zu orientieren. So spricht man von benediktinischer, franziskanischer, ignatianischer Spiritualität usw. Solche uns aus der Vergangenheit erreichende Spiritualitäten sind von ihren Stiftergestalten oder ihren Ur-Impulsen her nicht selten mit typischen Ausdrucksformen verbunden. So ist z. B. der Benediktiner nicht ohne das gemeinsame Chorgebet, der Franziskaner nicht ohne einen einfachen Lebensstil, der Jesuit nicht ohne die Exerzitien, ein Mitglied der geistlichen Familie Charles de Foucaulds nicht ohne ein besonderes Verhältnis zur „Wüste" denkbar.

So kommt es also auf ganz unterschiedlichen Ebenen zu verschiedenen Spiritualitäten trotz oder gerade wegen des einen Geistes Gottes. Solche Differenzierungen sind nichts Negatives, sondern Zeichen von Leben, Fülle, Kraft. Denn alles „bewirkt ein und derselbe Geist; einem jeden teilt er seine besondere Gabe zu, wie er will" (1 Kor 12,11). Auch für die verschiedenen Spiritualitäten gilt das Bild vom Leib Christi: Die Kirche ist der eine Leib mit den vielen Gliedern. „Wären alle zusammen nur ein Glied, wo bliebe dann der Leib? So aber gibt es viele Glieder und doch nur einen Leib" (1 Kor 12,19 f), in welchem alle Glieder füreinander da sind und voneinander geistlichen Nutzen ziehen.

3. Zum vorliegenden Buch

Wie schon anfangs erwähnt, hat dieses Buch einige wichtige Knotenpunkte gegenwärtiger Spiritualität zum Thema. Einige und nicht alle! So fehlen, um nur ein Beispiel zu nennen, ausdrückliche Ausführungen zu den Evangelischen Räten, die gewissermaßen die Kristallisationspunkte eines Lebens nach dem Evangelium sind.² Doch werden insgesamt Fragen behandelt, die allen noch so verschiedenen (Einzel-)Spiritualitäten zugrunde liegen. Natürlich heißt das nicht, dass der Verfasser sich damit jenseits des Konkreten gewissermaßen in einem Raum „allgemeiner" Spiritualität bewegt (natürlich ist er selbst auch geprägt von einer bestimmten Spiritualität), doch soll im Folgenden das im Vordergrund stehen, was die vielen einzelnen Spiritualitäten unterfängt und umgreift und von ihnen allen – natürlich je andersartig und andersgewichtig – zu bedenken und zu verwirklichen ist. So kommt keine Spiritualität um die Sinnfrage herum: Wozu leben wir eigentlich, was ist Sinn und Ziel meines Lebens? (Kap. 1). Oder: Keine Spiritualität kann sich der Tatsache entziehen, dass das am biblisch-christlichen Glauben orientierte Menschenbild wesentlich vom Hören auf den Ruf Gottes bestimmt ist (Kap. 2). Auch wird jede Form des Glaubensvollzugs auf die Bedeutung und den Rhythmus von Alltag und Fest, Wüste und Oase einzugehen haben (Kap. 3 und 4) sowie zu erklären suchen, wo und wie Gott im eigenen Leben und in der Welt zu finden ist (Kap. 5). Wie der Mensch mit dem ihm „todsicher" bevorstehenden Ende umzugehen hat und wie er auch angesichts des drohenden Todes ein von der Hoffnung geprägtes Leben führen kann und soll (Kap. 6 und 7), ist gleichfalls tragendes Element jeder christlichen Spiritualität, die ihre „intime Mitte" im Gebet mit dem drei-einen Gott hat (Kap. 8).

All diese Themen sind gewissermaßen Knotenpunkte im Netzwerk jeder Spiritualität, die sich als christliche versteht. Und ich wünsche mir, dass in einer Welt, die zunehmend weniger vom christlichen Glauben weiß und ihn lebt, das vorliegende Buch mit dazu helfen kann, die eigene christliche Iden-

---

2 Siehe dazu G. Greshake, Priestersein in dieser Zeit, Würzburg ²2008, 294–332.

tität spirituell zu verwirklichen und damit auf die Frage Antwort zu geben, von der Walther von der Vogelweide in den Bedrängnissen seiner Zeit geschrieben hat:

„… eindringlich überlegte ich mir,
wie man in der Welt leben soll …"

Gisbert Greshake
am 7. Juni 2009,
dem Dreifaltigkeitssonntag

Erstes Kapitel
Wozu sind wir auf Erden?

1. Nach dem Sinn des Lebens fragen

Am Anfang seines berühmten Werkes „Mythos von Sisyphos" schreibt Albert Camus die seither vielzitierten Worte: „Es gibt nur ein wirklich ernstes philosophisches Problem: den Selbstmord. Die Entscheidung, ob das Leben sich lohne oder nicht, beantwortet die Grundfrage der Philosophie. ... Also schließe ich, dass die Frage nach dem Sinn des Lebens die dringlichste aller Fragen ist."[3] Es mag nun dahingestellt sein, ob die Philosophie diese dringlichste aller Fragen nur stellen oder auch beantworten kann. Sicher ist jedenfalls, dass die religiösen Überlieferungen der Menschheit, darunter auch der christliche Glaube, mit dem Anspruch auftraten und auftreten, Antwort auf diese Frage zu geben. Ja mehr noch, dass gerade die Fähigkeit, darauf antworten zu können, immer einen wichtigen Anknüpfungspunkt für die Weitergabe des Glaubens gebildet hat und wohl auch weiterhin bilden kann.

---

3 A. Camus, Das Frühwerk. dt. Düsseldorf 1967, 397f.

Gewiss, es gibt heute zunehmend mehr Menschen, die mit Sigmund Freud sagen: „Im Moment, da man nach Sinn und Wert des Lebens fragt, ist man krank, denn beides gibt es ja in objektiver Weise nicht; man hat nur eingestanden, dass man einen Vorrat von unbefriedigter Libido hat und irgendetwas anderes muss damit vorgefallen sein, eine Art Gärung, die zur Trauer und Depression führt."[4] Doch wenn auch die Rede von einem „Sinn in sich" unsinnig ist, so gibt es auch nach Freud eine Reihe von Faktoren, die ein sinnvolles Leben ermöglichen, ohne dass deshalb nach einem *letzten* Lebenssinn gefragt werden muss. Diese Einstellung ist mittlerweile weit verbreitet und verbreitet sich noch immer mehr. Dies bestätigt jedenfalls auch eine neuere deutsche demoskopische Umfrage. Das angesehene Allensbacher Institut legte Anfang 1998 mehr als 2000 Testpersonen den Satz vor: „Man fragt sich ja manchmal, wofür man lebt, was der Sinn des Lebens ist. Worin sehen Sie *vor allem* den Sinn Ihres Lebens?" Der Antworttrend war ganz eindeutig: Zwei Drittel aller Befragten finden den Lebenssinn unumwunden in Genuss, Spaß, Freude, Selbstverwirklichung, Privatheit, Egozentrik. Kein Wunder, dass die Demoskopen in der Schlussbetrachtung über die Befragung erstaunt feststellen: „Dass der Sinn des Lebens umstandslos im Lebensgenuss liegt, war vorher nie so direkt ausgesprochen worden."[5] Diese Beobachtung fügt sich auch bruchlos in das Programmwort ein, das für eine Reihe von Zeitdiagnostikern die heutige westliche Gesellschaft zutiefst bestimmt: „Erlebnisgesellschaft".[6] Diese Gesellschaft kennt nur ein Anliegen: Wie kann man das

---

4 S. Freud, Briefe 1873–1939. Frankfurt 1960, 429.
5 Zit. nach Badische Zeitung vom 20.4.1998.
6 Vgl. dazu G. Schulze, Die Erlebnisgesellschaft. Kultursoziologie der Gegenwart. Frankfurt 1992. Eine gründliche Auseinandersetzung mit diesem Programmwort findet sich bei H.-J. Höhn, Zerstreuungen. Düsseldorf 1998. Hier auch auf S. 23^{30}, 95^{177} weitere Literatur zur Sinnfrage.

Leben so stilisieren, dass man das Gefühl hat, es lohne sich? Und die Antwort lautet: „Have fun!" Das Leben verdirbt, wenn es keinen Spaß (mehr) macht."[7] Dies hat zur Konsequenz: „Nicht das Leben an sich, sondern der Spaß daran ist das Kernproblem, das nun das Alltagshandeln strukturiert."[8] Der Lebenssinn ist also Spaß und Lebensgenuss!? Wir leben, um zu genießen!? Dies mag für manche eine faszinierende Perspektive sein. *Aber* ist es nicht die Perspektive jener Minderheit von Weltbürgern, die – letztlich auf Kosten anderer – tatsächlich alles zum Genießen haben, über denen aber auch schon drohend das Amos-Wort steht: „Auf, ab in die Verbannung! Das Fest der Prasser ist zu Ende!" (Am 6,7)? Und zudem: Was ist, wenn der Genuss sich eingestellt hat und der Spaß vergangen ist? Was dann? Tatsächlich lässt sich beobachten, dass, wie H.-J. Höhn analysiert,

„die Gruppe der missmutig Vergnügten wächst. ... Wie Süchtige greifen sie nach immer mehr und haben immer weniger davon. Im Moment der Wunscherfüllung entsteht bereits die Frage, was denn als nächstes kommen soll, so dass sich Befriedigung gerade deshalb nicht mehr einstellt, weil die sofortige Suche nach Anschlussbefriedigung dies unterläuft."[9]

Und schließlich: Lässt sich die Einstellung „Lebensgenuss ist Lebenssinn genug!" konsistent durchhalten? Was ist, wenn da nichts mehr zu genießen ist und alles sich in sein Gegenteil verkehrt? Was ist, wenn die Erfahrung eines Übermaßes von Leid, Schmerz und Unglück die bis dahin geltende Übereinstimmung mit Welt und Dasein in Frage stellt und alle Zustimmung zum Leben schlechthin dementiert? Etwas Ähnliches gilt auch dann, wenn Lebensüberdruss und Todeserfah-

---

7 Höhn 63.
8 Schulze 60.
9 Höhn 64.

rung jeglichen Sinn verdecken, entziehen oder zerstören. Angesichts solcher Erfahrungen dürfte Camus gegen Freud und seine derzeitigen Nachbeter Recht behalten: „Es gibt nur ein wirklich ernstes philosophisches Problem: den Selbstmord." Denn damit ist unerbittlich die Frage gestellt, ob sich das Leben auch dann lohnt, wenn vordergründig gesehen Lebensgenuss und -glück und das Erreichen von befriedigenden Einzelzielen konterkariert werden. Hat das Leben auch dann noch einen Sinn? Der große jüdische Theologe und Rabbiner Abraham Joschua Heschel (1907–1973), der von den Nazis in einem Viehwaggon nach Polen deportiert wurde, hat diese Frage so umschrieben:

„Es gibt nur ein wirkliches, ernsthaftes Problem, und das ist das Martyrium. Es geht um die Frage: Ist etwas von solchem Wert, wofür es sich zu leben lohnt, groß genug, um dafür auch zu sterben? Wir können die Wahrheit nur leben, wenn wir auch die Kraft besitzen, dafür zu sterben."[10]

Worin also besteht das Lebensziel, wert, dafür zu leben und dafür auch zu sterben?

Spätestens an dieser Stelle wird sich der Glaube in den Diskurs einmischen. Denn – so bemerkt Ludwig Wittgenstein – „an einen Gott glauben heißt die Frage nach dem Sinn des Lebens verstehen. ... An einen Gott glauben heißt, dass es mit den Tatsachen der Welt noch nicht abgetan ist. An Gott glauben heißt sehen, dass das Leben einen Sinn hat"[11]. Inwiefern aber vermittelt der Glaube Sinn?

Hier ist zunächst eine Beobachtung am Platz. Sosehr die Frage nach Sinn: Wozu unser Leben – wohin unser Leben? uralt ist,

---

10 A. J. Heschel, Who is Man?, Stanford 1965, 45.
11 L. Wittgenstein, Tagebücher 1914–1916, in: Schriften I. Frankfurt 1960, 166 f.

gleich alt mit dem Beginn wahren Menschseins, und sosehr sie auch hinter der in den alten Glaubensbüchern ersten Katechismus-Frage: Wozu sind wir auf Erden? steht, so hat sie doch nicht zu allen Zeiten und Orten gleichen Stellenwert und gleichgewichtige Bedeutung. Bis zum Beginn der Neuzeit bewegte sich z. B. im Abendland die Amplitude der Sinnfrage eher um das Problem der Lebens-*Orientierung*. Weil ein letzter, von Gott verbürgter Sinn der Wirklichkeit innerhalb der mittelalterlichen christlichen Glaubenswelt nicht fraglich war, sondern implizit von allen vorausgesetzt wurde, stellte sich in der Frage „Wozu sind wir auf Erden?" lediglich das Problem: Was ist die rechte Orientierung für dieses Auf-Erden-Sein, wie lebt man *richtig*? Eine ganz andere, viel tiefergreifende Ausformung nimmt die Sinnfrage seit der Neuzeit an. Sie radikalisiert sich zum Problem, ob es denn überhaupt einen letzten Sinn gibt, d. h. ein Worumwillen, ein Wozu, ein Ziel, das sich rein aus sich selbst erklärt, keiner weiteren Begründung mehr bedarf und alles, auch das menschliche Tun und Erleiden, zur Vollendung und Erfüllung bringt. So radikal fragt man erst, wenn ein solcher Sinn fragwürdig geworden ist und die bisherige Ordnung der Wirklichkeit sich als zutiefst brüchig erwiesen hat.[12]

Vermag nun der christliche Glaube – natürlich im Glauben und aus dem Glauben heraus –, sich diesem radikalisierten Problem zu stellen? Wie gibt er schlüssig Antwort auf die neuzeitlich verschärfte Frage: Wozu sind wir auf Erden? Wozu lebe ich? Was soll das alles: die Zeit meines Lebens, mein Mühen und Arbeiten, mein Erfolg und Misserfolg? Was ist der Sinn? Woraufhin läuft das alles hinaus?

---

12 Siehe dazu M. Müller, Sinn-Deutungen der Geschichte, Zürich 1976, 10 f.

Blickt man in neuere Katechismen und Glaubensbücher,[13] so wird auf diese Fragen unisono eine dem Glaubenden zunächst durchaus plausible Antwort gegeben, die sich um die Aussage bewegt, dass *Gott selbst* die radikale und absolute Sinnerfüllung und das letzte Ziel menschlichen Lebens sei. Doch sind zwei Punkte an diesem Antworttyp zu bemängeln: (1) Es wird auf eine konkret gemeinte Frage „Wozu lebe ich?" eine viel zu „steile" und unkonkrete Antwort gegeben. Mag Gott auch tatsächlich die Sinnerfüllung des menschlichen Lebens sein: Was hat das mit meinem konkreten In-der-Welt-Sein zu tun, mit meinen tagtäglichen Entscheidungen und Unterlassungen, mit meinem Tun und Erleiden, mit meinen kleinen Sinn- und Sinnlosigkeitserfahrungen? Die Aussage „Gott ist der letzte Sinn" ist gewissermaßen eine „Killer-Antwort", die alles Vorletzte vom Letzten her „erschlägt" und so Entscheidendes offen lässt, wenn sie nicht in die „kleine Münze" alltäglichen Lebens umgesetzt wird. (2) Damit zusammenhängend ist ein Zweites kritisch zu bemerken. Der hier gegebene Antworttyp greift überhaupt nicht die Frage auf: Wozu sind wir *auf Erden?* bzw. Wozu ist die *Zeit* dieses meines Lebens da, wozu lebe ich eigentlich hier und heute? Auch wenn Gott die absolute Sinnerfüllung des Menschen ist und die Gemeinschaft mit ihm das letzte Worumwillen menschlicher Existenz, bleibt zu fragen: Warum dann der „Umweg" über Zeitlichkeit, Geschichtlichkeit, Weltlichkeit menschlichen Daseins? Ganz naiv und fromm gefragt: Warum hat Gott uns nicht gleich in den Himmel, in die absolute Sinnerfüllung hineingeschaffen? Warum das Pilgersein in der Welt und durch die Welt? Warum für viele eine lange Lebenszeit mit Freude,

---

13 Einige Beispiele sind genannt bei G. Greshake, „Wozu sind wir auf Erden?", in: GuL 72 (1999) 166 f.

aber auch mit Mühen und Leiden. Darauf geben die neueren Glaubensbücher und Katechismen praktisch keine Antwort. Indem sie Gott als Sinnziel menschlichen Lebens vorstellen und erörtern, greifen sie zwar die radikale Sinnfrage der Moderne auf, doch vermitteln sie diese Antwort in ihrer steilen Abstraktheit kaum mit dem konkreten Leben des Menschen. Sie versagt angesichts der Frage: Was ist angesichts der letzten sinnerfüllenden Zukunft Gottes der Sinn meines jetzigen konkreten, alltäglichen Lebens, meines Schaffens und Erleidens in dieser Welt? Auf der Linie von Camus gefragt: Lohnt sich mein Leben hier und heute? Und warum?

2. Den Willen Gottes erfüllen?

Gegenüber den Antworten vieler neuerer Glaubensbücher sind bemerkenswerterweise die älteren Katechismen konkreter. Auf die Frage: Wozu eigentlich leben?, formulieren sie Variationen einer Antwort, die sich im Prinzip schon bei Ignatius von Loyola findet. Kein Wunder! Denn durch den Jesuiten und „Erzvater" aller Katechese, den hl. Petrus Canisius, trat sie in die katechetische Tradition der Kirche ein. Die Aussage des hl. Ignatius lautet: „Der Mensch ist geschaffen, um Gott, seinen Herrn, zu loben, ihn zu ehren und ihm zu dienen und dadurch seine Seele zu retten."[14] In den älteren Katechismen wird dieses Gott-Dienen meist konkretisiert zu: Wir sind auf Erden, um Gottes Willen bzw. seine Gebote zu erfüllen und dadurch unser ewiges Heil zu finden.

Diese älteren Glaubensbücher verstehen also die irdische Lebenszeit als *Bewährungszeit* für das verheißene Ziel. Menschli-

---

14 Exercitia Spiritualia, Nr. 23.

ches Leben dient der Bereitung für das Kommende; die zeitlich-irdische Existenz hat darin ihren Sinn und erhält von daher ihre Orientierung, dass sie als Zeit des „Verdienens" und „Sich-Bewährens" mit der absoluten Sinnzusage, nämlich der Lebensgemeinschaft mit Gott, verbunden ist. Irdische Lebenszeit und himmlische Vollendung sind also miteinander verknüpft wie Saat und Ernte, Arbeit und Genuss von wohlverdienter Freizeit.

Doch auch an diesem Antworttyp fällt zweierlei kritisch auf:
(1) Wenn es da heißt: „Der Mensch ist geschaffen, um Gott, seinen Herrn, zu loben, ihn zu ehren und ihm zu dienen ...", erhebt sich eine Frage, die Karl-Heinz Weger so formuliert:

> „Klingt es in unseren Ohren nicht fremd, widerstrebt es uns fast nicht, wenn wir uns sagen müssen, ich lebe ja eigentlich für einen anderen [Gott]? Für einen anderen sogar, der mich gar nicht braucht? Bin ich, ist mein Leben mit allem schönen und grausamen ‚Drum und dran' nur Mittel zum Zweck, selbst wenn dieser Zweck so heilig klingt?"[15]

Und zudem: Wenn Sinn und Ziel des Menschen Gott und das vollendete Leben mit ihm ist, so stellt sich unvermeidlich die Frage nach dem *Weg* dorthin. Dieser führt nun aber durch die Welt, durch die Welt der Dinge und der Menschen. Davon ist aber in der dargestellten Antwort überhaupt keine Rede.
(2) Zwischen dem Hier-auf-Erden-Sein als Zeit der Bewährung auf der einen und dem himmlischen Lohn auf der anderen Seite herrscht eine zwar unumgängliche, doch nur *äußere* Beziehung: Erfüllst du den Willen Gottes hier auf Erden, so erhältst du dafür einmal himmlischen Lohn! Es ist so, wie wenn beispielsweise ein Automechaniker ein ganzes Jahr lang schuftet, um dann einmal im Jahr seinen

---

15 K.-H. Weger, „Wozu sind wir auf Erden?" Freiburg i. Br. 1989, 64.

wohlverdienten Urlaub auf Mallorca zu verbringen. Nach dem Motto: Arbeite jetzt fleißig, womöglich mit Überstunden, dann kannst du dir später schöne Ferien leisten! Natürlich besteht zwischen der Maloche der Arbeit und dem Urlaub auf Mallorca ein Zusammenhang, aber kein innerer. Das Erste ist nur äußere Voraussetzung für das Zweite. Deshalb bleibt letztlich auch in diesem Antworttyp die Frage offen: Warum denn die zeitliche Existenz als Bewährungszeit? Und überdies scheint hier ein eigenartiges Gottesbild durch: Gott wird zu einer Art von kapitalistischem Industriellen, der die für ihn Arbeitenden durch Lohn und Aussicht auf Erfolgsprämien bei Laune hält! Warum denn überhaupt hat Gott dekretiert, dass der Mensch sich in Zeit und Welt zu bewähren hat, bevor er in das himmlische Reich eingeht? Warum hat Gott ihn nicht gleich sozusagen ins „himmlische Mallorca" hineinerschaffen?

3. Voraussetzungen einer Antwort: Der trinitarische Gott

Angesichts dieser defizitären Lösungen sei eine anders akzentuierte Antwort vorgeschlagen, welche freilich Voraussetzungen hat, die in der hier gebotenen Kürze nicht ausführlich dargestellt werden können, sondern aufs Ganze schlicht vorausgesetzt werden müssen. Es sind vor allem zwei Voraussetzungen[16]:

---

16 Diese Voraussetzungen sind lang und breit entfaltet in G. Greshake, Der dreieine Gott. Eine trinitarische Theologie. Freiburg i. Br. ^{5}2008; ders., Hinführung zum Glauben an den drei-einen Gott, Freiburg i. Br. ^{5}2008. Die folgenden Ausführungen oben sind eine Kürzestfassung des dort Dargelegten.

(1) Gott selbst – die absolute Sinnerfüllung menschlichen Lebens – ist Gemeinschaft, Communio.

(2) Der Mensch ist geschaffen nach dem Bild dieses „gemeinschaftlichen Gottes", um einmal auf immer an dessen Leben teilzuhaben. Doch muss diese Vorgegebenheit, das „Bild-Gottes-Sein" und damit die communiale Verfasstheit des Menschen, in Freiheit vollzogen, realisiert werden.

Zu diesen beiden Voraussetzungen zunächst einige Erläuterungen:

Zur ersten Voraussetzung (die einen etwas längeren Hinweg erfordert): Der christliche Glaube beruft sich auf die Urerfahrung von Menschen, die auf eine für sie „umwerfende" Weise persönlich erfahren und dann weiterbezeugt haben, dass in Jesus von Nazaret und in der Kraft seines Geistes *Gott selbst* auf die Menschheit zugegangen ist. Dadurch hat er den Menschen nicht etwas von sich mitgeteilt, sondern buchstäblich *sich selbst*: In Jesus Christus geht Gott persönlich in die Welt ein; unsere Welt ist nun auch seine Welt; er durchmisst ihre tiefsten Abgründe und wird mit uns ganz und gar solidarisch, da er im Leben und Sterben unser Geschick übernimmt. So stiftet er für immer intimste Lebensgemeinschaft zwischen sich und der Menschheit. Das heißt aber: In Jesus Christus und – auf andere Weise – in dem von ihm gesandten Geist begegnen nicht Mittlergestalten, die nur auf Gott hinweisen (so wie es auch Propheten oder Heilige tun), hinter denen aber das Göttliche in verborgener, unendlich erhabener Transzendenz dem Menschen entzogen bleibt. Nein, im Christusgeschehen bringt Gott sich selbst ins Spiel. Wer es mit Jesus, seinem Wort, Verhalten und Erleiden zu tun hat, wer seinen Geist in sich und um sich am Werk erfährt, hat es mit Gott persönlich zu tun. Wäre es anders, so würde Jesus, der als letztgültiges Wort Gottes auftritt und als unüberbietbare Darstellung der göttlichen Liebe, im Widerspruch zu sich selbst stehen; er wäre dann nicht die endgültige Vermittlung zwischen Gott und Mensch, die zu sein er doch beansprucht: „Wer mich sieht, sieht den Vater" (Joh 14,9). Und auch der Heilige Geist, der Jesus erfüllt hat, und nach dessen Heimgang zum Vater die Menschen in die Wirklichkeit Christi hineinnimmt und unmittelbaren Zugang zum Vater erschließt, würde uns im Bereich des rein Kreatürlichen belassen, wäre er nicht selbst Gott.

Wenn nun aber der Anspruch, der dem Christusgeschehen von seinem Wesen her eignet, lautet, dass Gott selbst es ist, dem wir in Christus und im Geschenk seines Geistes begegnen, dann muss das innerste Wesen dieses Gottes durch Differenzierungen charakterisiert sein. Denn Jesus Christus wie auch der Heilige Geist unterscheiden sich in ihrem Wirken und Verhalten sowohl vom Vater als auch voneinander. Jesus wird vom Vater gesandt und ist ihm gehorsam; er betet zum Vater und empfängt von ihm alle Herrlichkeit und Macht. Umgekehrt schenkt er aber auch dem Vater dessen „volles" Gottsein, indem dieser erst durch die Unterwerfung des Sohnes „alles in allem ist" (1 Kor 15,28). Auch das Wirken des Geistes steht in einem wechselseitigen Verhältnis zum Vater und zum Sohn: Er kommt vom Vater auf Jesus herab, um dessen Sendung zu besiegeln und ihn zu verherrlichen. Jesus dagegen kündigt ihn als „den andern Tröster" an, der nach seiner Rückkehr zum Vater gewissermaßen die eigene Stelle einnimmt. Er kommt auf Bitten des Sohnes vom Vater her (Joh 15,26), „nimmt von dem, was diesem zu eigen ist" (Joh 16,14), und gibt es an die Glaubenden weiter. Bei all dem geht es um wechselseitiges Schenken und Empfangen, um kommunikative, dialogische, ja, wenn man so will, trialogische Beziehungen.

Ist das alles nur „äußere Erscheinung", in der uns zwar ein „Hauch" des Göttlichen begegnet, hinter der aber Gott selbst in erhabener Transzendenz verborgen bleibt? Ist dieses Wechselspiel von Vater, Sohn und Heiligem Geist nur eine Art von „pädagogischem Theater", das uns für den Weg zu Gott hilfreich ist, das aber als solches mit der Wirklichkeit Gottes *selbst* nichts oder nur wenig zu tun hat?

Es war Karl Rahner, der vor Jahrzehnten ein uraltes theologisches Prinzip wieder in Erinnerung gerufen hat, welches lautet: Wie Gott sich in der Geschichte, vor allem in Jesus, gezeigt hat, so ist er auch seinem innersten Wesen nach. Wäre es anders, so gäbe es keine wirkliche Selbstmitteilung Gottes, und der „Anspruch", der dem Christus- und Geistgeschehen von sich her innewohnt, könnte nicht eingelöst werden. Dann würde uns Gott nicht so begegnen, wie er in Wirklichkeit ist. So aber ist uns gemäß dem Rahnerschen Prinzip im Beziehungsgeschehen von Vater, Sohn und Geist, wie es die Jünger Jesu und von da aus auch die Heilige Schrift bezeugen, Einblick und Zugang zum göttlichen Leben eröffnet: Die Unterscheidung von Vater, Sohn und Heiligem Geist, wie sie uns *in der Geschichte* begegnet, gehört *zum Wesen* dieses Gottes. Anders gesagt: Gott ist Communio, er ist die Beziehungseinheit dreier verschiedener Personen, die in vollendeter Liebe das eine, ihnen gemeinsame göttliche Leben vollziehen. Dabei ist göttliches Personsein freilich nicht auf die gleiche Ebene einzutragen wie menschliches Personsein.

Person in Gott ist vielmehr reine Beziehung, reines Voneinander-her- und Aufeinander-hin-Sein. Unter menschlichen Personen bleibt eine ständige Differenz zwischen Ich-Sein und Für-andere-Sein, zwischen Substanz-Sein und Beziehung-Sein. Ebendies ist in Gott anders. Person in Gott geht ganz und gar in ihre Beziehungen auf. Jede *ist* dadurch, dass sie den anderen gibt und von den anderen empfängt. So stellt der Glaube an den trinitarischen Gott die Relation, das In-Beziehung-zum-andern-Stehen als höchste Form der Einheit vor. Oder anders: Die höchste Form der Einheit ist die Kommunikation vieler, ist die Einheit, die sich in den gegenseitigen Beziehungen, in dem einen gemeinsamen Zusammenspiel vollzieht. Deshalb liegt die Einheit des trinitarischen Gottes nicht vor der Vielheit der Personen, auch ist sie nicht das Resultat des Zusammengehens verschiedener Personen, auch gibt es keine irgendwie geartete Unterordnung einer Person unter eine andere. Vielmehr ist die Einheit Gottes eine über allem Begreifen liegende, *ursprüngliche* Beziehungseinheit der Liebe, in der die drei Personen sich gegenseitig das eine göttliche Leben vermitteln und in diesem Austausch sich sowohl als unterschieden wie auch als zuhöchst eins erweisen. In diesem Sinn ist Gott, also das Höchste, was „es gibt", *Gemeinschaft*.

Eine solche Form der Einheit wird heute oft als „Communio" bezeichnet. Dieses lateinische Fremdwort ist nicht ohne weiteres mit dem statischen deutschen Begriff „Gemeinschaft" identisch, vielmehr ist Communio ein *Geschehen*, nämlich ein Prozess, in welchem verschiedene Einzelne, indem sie sich gegenseitig an ihrem Leben Anteil geben und dadurch ein gemeinsames Leben vollziehen, gerade in ihrer Verschiedenheit Einheit realisieren. Communio steht also für eine Einheit, die ihren Gegensatz, nämlich Vielheit, nicht außerhalb ihrer selbst hat, sondern in sich trägt: Die Einheit der Communio ist gerade jene Einheit, welche Kommunikation von verschieden bleibenden „vielen" meint. Sie ist die Vermittlung von Identität und Differenz: von Unterschiedenheit, die auf Einheit hin ist, und von Einheit, die sich gerade im Zusammenspiel der vielen vollzieht. Was sich ansatzweise auch in (zwischen-)menschlichen Erfahrungen festmachen lässt, gilt in höchster, unserem Verstehen jedoch letztlich verschlossener Weise vom trinitarischen Gott. Von ihm her zeigt sich: In-sich-Sein und Miteinander-Sein sind nicht Gegensätze, und beides steht auch nicht im umgekehrten Verhältnis zueinander, wie man aus eigener Erfahrung her vielleicht spontan formulieren möchte: Je mehr ich Ich bin, umso weniger bin ich von anderen abhängig und auf andere hingeordnet; und je mehr ich von Beziehungen abhängig bin, umso weniger bin ich Ich! Nein, beides zeigt sich im Blick auf den drei-einen Gott als direkt proportional: Die Personen in Gott sind dadurch je sie selbst, dass sie ganz und gar voneinander her und aufeinander hin sind, und zwar in strikter Gegenseitigkeit. So machen sie die untrennbar eine Gottheit aus. Kurz: Der christliche Gott ist Communio.

Zur zweiten Voraussetzung: Der Mensch ist nach dem Bild dieses drei-einen, dieses „communialen" Gottes erschaffen, um einmal für immer in dessen Leben „mitzuspielen". Das aber ist nur möglich, wenn der Mensch selbst communial ist. Anders wäre er ja ein Fremdkörper in dem ihm verheißenen Leben. Nun ist der Mensch zwar schon von seinem schöpfungsmäßigen Wesen her communial strukturiert. Aber all das, was der Mensch wesenhaft, „ontologisch" *ist, muss von ihm in Freiheit eingeholt und realisiert werden.* Sonst bliebe Menschsein in der Dimension dinghaften Gegeben- und Vorhandenseins stecken und würde gar nicht sein spezifisches Wesen „Freiheit", Subjektivität, Selbstursprünglichkeit erreichen und verwirklichen. Die Verwirklichung von geschöpflicher, d.h. endlicher Freiheit aber geschieht in allen Bereichen wesentlich durch „Aus-zeitigung", d.h. durch ein Sich-Verwirklichen in Zeit und Geschichte. Denn nicht in einem einzigen freien Akt gelingt die integrale Verwirklichung des eigenen komplexen Wesens, vielmehr hat der Mensch im Durchgang durch die Welt, in der Herausforderung durch konkrete Situationen und Begegnungen, in Auseinandersetzung mit Gesellschaft und Zeitgeist, in hartem Ringen mit sperrigen Vorgaben sein Wesen in Freiheit allererst einzuholen und konkret auszuprägen.

Das, was für alle Dimensionen des Menschseins gilt, hat nun für das den Menschen zutiefst charakterisierende communiale Sein gewaltige Konsequenzen. Auch und gerade hierfür gilt es, die schöpfungsmäßige Vorgabe der „Communialität" in Freiheit einzuholen und mehr Communio, Gemeinschaft zu werden, um zu größerer Ähnlichkeit mit Gott zu gelangen und so Teilhabe am göttlichen Leben zu erlangen. Dafür aber, dass der Mensch wahrhaft Bild Gottes wird, gibt der drei-eine Gott das Modell ab: Trinitarische Einheit ist weder dinghafte Einheit noch kollektive Uniformität noch tyrannische Unterdrückung des vielen zugunsten des eigenen monadischen Egos. Trinitarische Einheit ist gerade das Beziehungsnetz, der Lebens- und Liebesaustausch der vielen „je anderen" und des vielfältigen „Je-anders-Seins". Darin und nur darin ist und wird man im Vollsinn „Person" und wahrhaft Abbild des einen Gottes in drei Personen.

Mit diesen beiden hier nur skizzierten Voraussetzungen stehen wir nun vor einer anders akzentuierten Antwort auf die Frage: „Wozu sind wir auf Erden?"

4. In den trinitarischen Lebensvollzug hineinwachsen

Gott schenkt Zeit, zeitlich-irdische Existenz, damit der Mensch den göttlichen Lebensvollzug: Communio, den Gott aus der Ursprünglichkeit und Fülle seines eigenen Wesens heraus erwirkt, nicht nur passiv, das heißt durch ein bloßes Entgegennehmen und Geschehen-Lassen göttlichen Handelns nachvollzieht, sondern gleichfalls aus der Ursprünglichkeit eigenen Wesens, nämlich in aktiver, kraft persönlicher Freiheit vollbrachter Tat. Wenn wir am Ende der Zeit für immer im Leben des trinitarischen Gottes mitspielen, tun wir es nicht wie Marionetten, die gar nicht anders konnten, als der Vorgabe des

Spielmeisters zu folgen, auch nicht wie Bettler, denen alles in den Schoß gefallen ist, sondern als solche, die sich dieses Leben in Freiheit, d. h. aus ihrer eigenen Ursprünglichkeit „(mit-)erwirken" durften und dadurch noch einmal mehr dem Gott ähnlich sind, der aus seinem eigenen Wesen heraus Communio ist. Nicht also, dass Gott uns die ewige Vollendung nicht bedingungslos aus reinster Güte schenken könnte, konkret: dass er den Menschen nicht gleich in den Himmel hinein hätte erschaffen können! Gottes Absicht ist offenbar anders: Er möchte, dass sein eigener Lebensvollzug „Communio" von uns nicht rein passiv, d. h. durch seine souveräne Setzung nachgebildet werde, sondern aus der Freiheit unseres Wesens heraus.

Ein Zweites kommt hinzu: Nur wenn an der Heraufführung der Communio von Gott und Mensch beide im Geben und Empfangen beteiligt sind, kommt diese als *gemeinsames* In-Beziehung-Stehen wirklich zustande. Deshalb ist nicht allein Gott der Gebende, sondern – um es im Wortspiel zu formulieren – „er gibt: zu tun", um selbst vom Geschöpf die Antwort der Liebe empfangen zu können.

So lässt sich resümierend sagen: In Zeit und Geschichte Communio werden, in den Herausforderungen unserer kleinen Lebens- und der großen Weltgeschichte aus dem Ursprungsnarzissmus der Sünde ausbrechen, gemeinschaftsfähig werden, Einheit verwirklichen und ein Ferment der Einheit für andere zu sein: Das ist die Antwort auf die Frage nach dem „Wozu leben wir eigentlich?". Was Gott ist: Communio, das sollen und dürfen wir werden.

5. Die „Logik" der Geschichte Gottes mit den Menschen

Ist das alles Spekulation? Ganz und gar nicht! Denn allein auf der Linie dieser Ausführungen lässt sich die innere Konsequenz und Zielstrebigkeit der so genannten alt- und neutestamentlichen Heilsgeschichte und ihrer Verheißungen verstehen. Wenn man nämlich die „Logik" der Geschichte Gottes mit den Menschen, wie sie uns in der Heiligen Schrift aufgezeichnet ist, zu verstehen sucht, stößt man auf eine unablässige Drift, auf ein immer erneutes Drängen auf Einheit hin, und zwar auf die Einheit Gottes mit den Menschen und auf die Einheit der Menschen untereinander. Im Alten Testament steht dafür als durchgehende „Chiffre" das Wort „Bund". Gott schließt mit den Menschen einen Bund; er will engste Gemeinschaft mit ihnen eingehen: „Ich, Jahwe, will euer Gott sein": rettend, helfend, mit euch auf ein gutes Ziel zugehend; „und ihr sollt mein Volk sein!" Der Mensch darf sich somit verstehen als das geliebte Gegenüber Gottes, er ist eingeladen, auf dessen Liebeserklärung Antwort zu geben, indem er zum Bund Gottes ja sagt und bundesgemäß lebt.

Aber die „vertikale" Richtung des Bundes (der Bund zwischen Gott und Mensch) ist nur dann wirklich, wenn dieser auch „horizontal", in der Gemeinschaft mit dem Mitmenschen, vollzogen wird.

Dies wird auf vielfache Weise in der Heiligen Schrift erzählerisch dargestellt: Von Anfang an beruft Gott nicht einzelne Menschen zur Gemeinschaft mit sich, sondern „die vielen", die sich zur Einheit zusammenfügen sollen. So zielt die Schöpfung nicht auf je isoliert Einzelne, sondern auf die Communio der vielen Einzelnen, auf die Vereinigung des durch Vielheit bestimmten geschaffenen Seins. Dieses Communio-Werden ist ein Prozess sich steigernder Ausweitung: vom Familienclan zum Volk Gottes. Wenn in diesem Prozess Einzelne von Gott berufen werden, dann nicht als Einzelne, sondern stets mit dem Auftrag, der Communio-Werdung aller zu dienen. So wird z. B. Abraham zwar als Einzelner herausgerufen, aber dafür, dass er „ein Segen sei für alle". Er wird zum Stammvater eines Volkes werden und zum Vater des Glaubens für alle Menschen. Ähnliches wiederholt sich stets aufs Neue. Einzelne spielen insofern eine Rolle, als sie eine Aufgabe haben für das Ganze des Volkes Gottes, das Gott „herausruft" (griechisch: ek-kalein, von daher: ek-klesia = das aus den Völkern herausgerufene Volk), um es als sein besonderes Eigentum an sein Herz zu ziehen. Aber dieses „herausgerufene Volk Gottes" ist noch nicht das letzte Ziel, noch nicht die vollendete Form der Communio. Das Gottesvolk soll vielmehr „zum Segen werden für die ganze Erde" (Jes 19,24). Es soll auf alle Heidenvölker ausgreifen, die laut Jes 2,1f nach Jerusalem kommen sollen, um teilzuhaben am Bund Israels mit Gott und an dessen gelingender Gemeinschaft untereinander.

Allumfassende Communio, die nichts auslassende Ausweitung des Gottesvolkes oder eben: die universale Kirche ist die Ur-Idee Gottes mit der von ihm ins Werk gesetzten Schöpfung.

Es ist hier nicht der Ort, ausführlich darzulegen, dass und wie dieses einheitsstiftende Handeln Gottes immer wieder durch die Sünde des Menschen zunichte gemacht wird. Sünde ist in ihrem Wesen – kurz gesagt – das Gegenteil von Communio, welche durch sie ins genaue Gegenteil verkehrt wird. Sünde bedeutet Abbruch des Dialogs mit Gott und Störung gelingender Beziehungen zu den Mitmenschen; stattdessen geschieht durch sie ein Sich-auf-sich-selbst-Zentrieren, In-sich-selbst-Isolieren und -Vereinzeln. Der Sünder will „er selbst" und nur „er selbst" sein. Er lehnt es ab, ex-zentrisch zu werden, d. h. sein Zentrum in der Gemeinschaft mit Gott und – damit verbunden – mit den Brüdern und Schwestern zu finden. So ist

Sünde Verweigerung von „vertikaler" und „horizontaler" Communio. Durch ihre ansteckende Macht, die alles in ihren Bann zu ziehen sucht, wirkt sie desintegrierend auf alle Ebenen des menschlichen Lebens ein, gerade auch auf die gesellschaftlichen. Damit verunstaltet sie das Antlitz der von Gottes Plan her als Communio gewollten Welt und erzeugt stattdessen Spaltung, Zwietracht, Hass und Unfrieden.

Das Erlösungswerk Gottes zielt darauf ab, trotz sündhafter Verweigerung die Menschen immer wieder zum Bund mit sich und zur bundesgemäßen Gemeinschaft untereinander zu bewegen. In immer neuen heilsgeschichtlichen Anläufen, die uns im Alten Testament bezeugt werden, von denen analog aber auch die übrigen Menschheitsreligionen künden, schenkt Gott neue Communio und sucht zu neuer Communio zu befähigen.

Diese göttlichen Initiativen finden in der Menschwerdung des Gottessohnes, in Jesus Christus, ihren Höhe- und Zielpunkt. Denn er selbst ist in Person die Communio Gottes mit den Menschen, indem er Gott und Mensch zugleich ist. In ihm kommen die beiden gegenläufigen, zum Bund gehörenden „Bewegungsrichtungen" zusammen: die gemeinschaftssuchende und -stiftende Bewegung Gottes zur Welt und die antwortende Bewegung der Welt zu Gott, zu der auch die Realisierung des Bundes in der Gemeinschaft der Menschen untereinander gehört.

Herzstück des Handelns Christi ist sein Einsatz für die Communio Gottes mit den Menschen und der Menschen untereinander. Er wurde vom Vater gesandt und ist in den Tod gegangen, „um die zerstreuten Kinder Gottes wieder zu sammeln" (Joh 11,52). Aber nicht erst sein Sterben, sondern sein gesamtes Leben steht unter dem Vorzeichen, Gemeinschaft zu stiften. So formuliert Alexandre Ganoczy: „Inhaltlich ... kann Communio all das decken, was das Ziel des Tuns Jesu selbst war.

Denn es ist deutlich, dass das Heil, das Jesus verkündet und verwirklicht hat, völlig unter dem Zeichen der Einheit stand. Heil erfahren bedeutet im Evangelium immer: die einende Macht des kommenden Gottes erfahren."[17] Und der Exeget Joachim Jeremias drückt dies pointiert so aus: „Der einzige Sinn der gesamten Wirksamkeit Jesu ist die Sammlung des endzeitlichen Gottesvolkes."[18] Der erste Adressat des einheitsstiftenden Handelns Jesu ist das Volk Israel, das aus der äußeren und inneren Zerstreuung befreit und in Gott neu versammelt werden soll. Deshalb setzt Jesus sich für die Überwindung von Grenzen und Trennungen zwischen einzelnen Menschen, verschiedenen Gruppen und sozialen Schichten ein. Durch die Solidarisierung mit den Sündern, Abgeschriebenen und Randexistenzen zeigt er, dass er Ausgrenzungen und Abgrenzungen überwinden und alle zur Gemeinschaft mit sich und untereinander zusammenführen will – zu seiner großen „Familie", in der es nicht zugehen soll wie sonst in der Welt, wo es Herren und Beherrschte, Große und Erniedrigte gibt. „Vielmehr: wer bei euch groß sein will, soll euer Diener sein; wer bei euch der Erste sein will, soll euer aller Sklave sein" (Mk 10,43 f).

Auch die Wunderzeichen Jesu weisen auf das Ziel der Einheit hin. Auffällig ist ja, dass das Neue Testament besonders die Heilung von Aussätzigen sowie von Tauben, Blinden und Stummen hervorhebt. Nun waren Aussätzige aufgrund ihrer Krankheit die Isoliertesten und Verlassensten aller Menschen, ausgestoßen aus jedem gesellschaftlichen Kontakt. Indem Jesus sie heilt, können sie wieder Beziehungen aufnehmen und in die Gemeinschaft mit anderen zurückkehren. Ähnliches

---

17 A. Ganoczy, Communio – ein Grundzug des göttlichen Heilswillens, in: Unsere Seelsorge (Münster) 22 (1972) 2.
18 J. Jeremias, Neutestamentliche Theologie, Gütersloh ²1973, 167.

gilt von den anderen Heilungswundern: Ohren, Augen, Stimme sind dem Menschen gegeben zur Kommunikation, sind Mittel der Kommunikation. Durch deren Heilung gibt er den Tauben, Blinden, Stummen wieder die Möglichkeit, neu in den mitmenschlichen Austausch, in ein heiles Zusammenleben mit anderen einzutreten. Auch die oft berichteten Erzählungen über dämonische Besessenheit bringen „ein allgemeines soziales Problem zum Ausdruck: den Abbruch zwischenmenschlicher Kommunikation, eine tiefe Entfremdung in den sozialen Beziehungen"[19]. Nicht selten ist der Besessene stumm, oder er spricht die Sprache des Bösen, die sich seiner bemächtigt hat. Dämonenaustreibung bedeutet somit Befreiung aus Isolierung, Neuermöglichung von sozialen Beziehungen, Wiederherstellung zwischenmenschlicher Kommunikation.

Doch grundlegender noch ist die Gemeinschaft mit Gott, die durch Jesus Christus neu dem Menschen angeboten wird. Sündenvergebung und neuer Anfang wird jedem, auch dem armseligsten Sünder, zugesprochen. Der Angesprochene muss „nur" glauben, d.h. von den selbstfabrizierten Götzen lassen und auf die neue und nunmehr endgültige Initiative des Gemeinschaft suchenden Gottes eingehen. Da aber die angesprochenen Menschen in ihrer – für die ganze Menschheit stehenden – repräsentativen Mehrheit weiter beim „Nein" verbleiben, bietet Gott das Äußerste seiner Liebe auf: Gottes Sohn geht in Leiden und Kreuz dem Menschen bis zum Letzten nach, um ihn zur Gemeinschaft mit sich zu bewegen.

In den so genannten Abschiedsreden des Johannesevangeliums wird von Jesus in einer alle bisherigen Hinweise überbietenden Deutlichkeit zum Ausdruck gebracht, was der letzte Grund der „Uridee" Gottes mit seiner Schöpfung und das innerste Zentrum der auf Communio hin driftenden

---

19 G. Theissen, Urchristliche Wundergeschichten, Gütersloh 1974, 247.

Geschichte ist: Es ist der drei-eine Gott selbst, der sein eigenes Wesen: Communio (Einheit in Vielheit [der Personen] – Vielheit in Einheit) in die Schöpfung hinein „auslegt", damit die Schöpfung, ihm ähnlich geworden, für immer an seinem trinitarisch-communialen Leben teilhaben kann. Auf dieser Linie stellen die Abschiedsreden Jesu heraus, dass die Einheit von Vater und Sohn (im – hier nicht eigens genannten – Heiligen Geist) auf die Jüngerschaft Jesu ausgreifen und von ihr aus die ganze Welt erfassen soll. Ja, darin besteht das Testament Jesu, also sein letzter, alles einbegreifender Wille und die Pointe seines ganzen Redens, Tuns und Erleidens: „Alle sollen eins sein, wie du, Vater, in mir bist und ich in dir bin, so sollen auch sie in uns sein" (Joh 17,21). In der Einheit Jesu mit dem Vater, in ihrer beiderseitigen Liebe „schon vor Erschaffung der Welt" (17,24) besteht Jesu „Herrlichkeit"; und die schenkt er den Jüngern weiter: „Ich habe ihnen die Herrlichkeit gegeben, die du mir gegeben hast; denn (!) sie sollen eins sein, wie wir eins sind, ich in ihnen und du in mir. So sollen sie vollendet sein in der Einheit" (17,22 f). So tritt die Einheit der Menschen aus der Einheit des dreifaltigen Gottes hervor und soll als „vollendete Einheit" darin wieder eingeborgen werden.

Das entspricht auch der „Pointe", auf die alle synoptischen Evangelien zulaufen. Alle schließen mit dem Auftrag zur Sendung in die Welt; es gilt, „alle" zu Jüngern zu machen und „auf den Namen" des drei-einen Gottes zu taufen, d. h. sie in den trinitarischen Macht- und Beziehungsraum einzugliedern. Kurz: Die Communio, in der der dreifaltige Gott existiert, soll in der Jüngerschaft Jesu ausgeprägt sein; als solche wird sie dann ausgesandt, um die ganze Welt aus ihrer Zerspaltung heraus- und in die eigene Gemeinschaft (mit Gott und untereinander) hineinzuführen, auf dass Gottes Heilsplan zum Ziel kommt: „die Fülle der Zeiten heraufzuführen, in Christus alles zu vereinen, alles, was im Himmel und auf Erden ist" (Eph 1,10; vgl. auch Kol 1,20). Das 2. Vatikanische Konzil greift diese Sicht des letzten Ziels von Schöpfung und Heilswerk Gottes auf, wenn es sagt: „So soll sich das Ziel des Willens Gottes erfüllen, der das Menschengeschlecht am Anfang als eines gegründet und beschlossen hat, seine Kinder aus der Zerstreuung wieder zur Einheit zu versammeln" (LG 13). Das letzte Ziel heißt also „Einheit", man könnte auch sagen: „Trinitarisierung" der ganzen Wirklichkeit: Was Gott als trinitarischer Gott ist, sollen und dürfen wir werden, nämlich „Communio", d. h. eine Einheit aus Vielheit, eine Vielheit in Einheit. Im Bild gesagt: Es geht darum, „Leib Christi" zu werden, so eng untereinander vernetzt wie die ganz unterschiedlichen Glieder und Organe eines Leibes, einander verbunden in gegenseitigem Lebensaustausch, um so mit Christus als „Haupt" und dem Heiligen Geist als „Seele" den einen Leib Christi zu bilden „zur Ehre Gottes des Vaters".

Genau damit ist auch das tiefste Wesen der Kirche umrissen, die vom 2. Vatikanischen Konzil kurz als „Sacramentum unitatis" – „als Sakrament der Einheit" definiert ist. Dabei ist „Einheit" im doppelten, aber unbedingt zusammengehörigen Sinn zu verstehen: Einheit zwischen Gott und Mensch *und* Einheit der Menschen untereinander. Auch das Wort „Sakrament" bezeichnet ein Zweifaches: Damit ist – wie es weiter in LG 1 heißt – sowohl gemeint, dass die Kirche *Zeichen* der anfänglich schon in ihr beginnenden Gemeinschaft (mit Gott und untereinander) ist, wie auch dass sie als *Werkzeug* gebraucht wird, als Instrument und Mittel dafür, dass die erst im Bruchstück in ihr verwirklichte Communio alle Menschen und alle Bereiche der Welt erreicht. Communio und Missio – anhebende Gemeinschaft und universale Sendung – sind somit die Grundbewegungen der Kirche, wie sie in Wort und Verhalten Jesu sowie in der Sammlungs- und Sendungsbewegung seiner Jünger erscheint. Sammlung „nach innen", auf das Zentrum hin; Sendung „nach außen", auf die Peripherie zu. Keiner der beiden Faktoren darf fehlen, will die Kirche ihrem Dienst am anbrechenden Reich Gottes nicht untreu werden. Ja, eigentlich ist, solange die Geschichte währt, entscheidender noch als Communio die Missio. Denn dafür ist Kirche, dafür ist ihr Zeit gegeben, dass sie werkzeuglich mittätig ist am Ziel der „Trinitarisierung", der „Communialisierung" aller Wirklichkeit.

Diese wenigen Hinweise auf den biblischen Befund mögen belegen, um was es Gott in Schöpfung und Geschichte geht.

6. Ehe als intensivstes Paradigma

Das gleiche Ergebnis lässt sich auch auf völlig andere Weise finden, nämlich im Blick auf die sexuelle Differenzierung des Menschen und seine Berufung zur Ehe.

Wenn es in Gen 1,27 heißt: „Gott schuf den Menschen als sein Abbild; als Abbild Gottes schuf er ihn. Als Mann und Frau schuf er sie" (Gen 1,27), dann ist damit (auch) zum Ausdruck gebracht: Gerade darin ist der Mensch Bild Gottes, dass er nicht als isoliert Einzelner, sondern auf den andern hin erschaffen ist. Als Mann und Frau, die in je ausgeprägter Unterschiedlichkeit und zugleich in unbedingter gegenseitiger Hinordnung – formal gesagt: die in Differenz und Identität, in Unterschiedenheit und Einheit – die Urgemeinschaft der Menschheit bilden, spiegelt der Mensch den trinitarischen Gott wider. Als solcher erhält er den Auftrag, die Schöpfung zu hüten sowie „sich zu vermehren und die Erde zu bevölkern" (Gen 1,28), d.h. die eigene Urgemeinschaft auszuweiten. So zielt die Schöpfung von ihrem Wesen her nicht auf je isoliert Einzelne, sondern auf deren Communio, auf die Vereinigung des durch Vielheit bestimmten geschaffenen Seins. Die geschlechtliche Differenzierung von Mann und Frau und die damit gegebene Berufung zur ehelichen Gemeinschaft ist die „ursprünglichste", tiefste und geradezu „ins Fleisch" des Menschen hineingeschriebene Antwort auf die Frage: Wozu eigentlich leben? Indem der Mensch ganz und gar, mit Leib, Seele und Geist, auf den andern angelegt ist und dies auch unweigerlich an sich selbst erfährt, wird deutlich, dass er den Sinn seines Lebens und dessen Ziel nicht darin findet, gewissermaßen in „schwitzender Subjektivität" und beklemmender Enge seiner selbst zu verharren und sich darin zu bestätigen. Schon für *jede* menschliche Begegnung gilt, dass sie an mich die Frage stellt: Bin ich weit genug, um den andern als andern gelten zu lassen, bin ich frei genug, um dem andern Raum neben mir und in mir zu gewähren, finden wir trotz unseres, besser: gerade in unserem Anderssein zusammen? Was aber für jede Begegnung gilt, findet in der ehelichen Gemeinschaft seine Radikalisierung: *Erstens* ist hier „der andere" nicht irgendein anderer, sondern gerade der *geschlechtlich differenziert* andere, und das heißt: jener, der zwar das absolut gleiche Menschsein verwirklicht, aber eben in grundverschiedener Weise, eben als Mann *oder* als Frau.[20] Und *zweitens* ist eheliche Gemeinschaft viel mehr als nur eine zeitlich limitierte „Begegnung" zweier

---

[20] Von daher zeigt sich auch die tiefste Problematik des Entwurfs homosexuellen Menschseins: Der Partner kann hier immer nur der „relativ andere" und damit auch nur eine geminderte Herausforderung dazu sein, sich im und durch den andern qua andern zu verwirklichen. Ebenso zeigt sich von hier aus auch die Problematik und spezifische Herausforderung zölibatären Menschseins: Soll dieser sich nicht am eigentlichen Lebensauftrag und -ziel, Communio zu werden, vorbeimogeln, muss er in einer dezidierten Weise (a) selbst Communio mit andern zu leben versuchen (deshalb war und ist zölibatäres kirchliches Leben auch im Allgemeinen in Gemeinschaft mit andern zu verwirklichen) und (b) sich ganz in den Dienst dafür nehmen lassen, unter den Menschen Ferment der Einheit und Kristallisationspunkt von Communio zu sein.

Menschen. Ehe heißt, sich dem andern über die ganze Vielfalt, Breite, Tiefe und Länge seines Lebens zu öffnen, deshalb auch das Anderssein des andern radikal zu erfahren und gerade in der Liebe zu ihm Einheit und Gemeinschaft, eben „Communio" zu finden.[21]

Weil Ehe somit der zugleich ursprünglichste wie radikalste Ruf zur Verwirklichung des Lebenssinns „Communio" ist, werden in ihr auch die dunklen Alternativen zum Communiowerden am greifbarsten: Einsamkeit und Macht.

Einsamkeit: Sie wird geboren aus der Unfähigkeit radikaler Annahme des Einen durch den Anderen, aus der Resignation oder dem Misstrauen, das sich in der gegenseitigen Beziehung eingestellt hat. Der Mensch zieht sich deshalb in das eigene Schneckenhaus zurück, in dem er zwar sicher ist, in dem er aber genau seinen Lebenssinn verliert und seiner Lebensaufgabe zuwiderhandelt.

Macht: Man beherrscht den anderen. Der andere ist nicht mehr das Du, welches das eigene Ich aus der Enge des Ego herausreißt und zum Ziel versöhnten Mitseins bringt, sondern der andere wird pervertiert zum Mittel, nur die eigene Subjektivität zu „zelebrieren". Man unterdrückt den anderen in unzähligen Formen, um gerade so sein eigenes Ich umso unbeeinträchtigter durchsetzen zu können. Man lässt sich nichts sagen, auch nicht in Frage stellen, man reagiert gereizt, aggres-

---

[21] Dabei soll jetzt nicht weiter ausgeführt werden, dass Ehe sich von ihrem Wesen her auf das Kind als auf einen „dritten Faktor" innerhalb der ehelichen Gemeinschaft öffnet und damit am eindringlichsten die Grundstruktur jeder Communio, den Dreierrhythmus, verwirklicht, wie dies auch am trinitarischen Gott ablesbar ist (siehe dazu Greshake, Hinführung 33f). Wo es in einer Ehe die „Frucht" des Kindes nicht gibt, müssen die beiden Partner darauf bedacht sein, ihre Ich-Du-Beziehung auf ein anderes „Drittes" (gemeinsame Freunde, Arbeit, Interessen, Engagements ...) hin zu öffnen und sich *daran* als „Wir" zu konstituieren und zur Communio zu finden.

siv und bestätigt so nur sich selbst, sein eigenes Ich und seine eigene Position; man sichert sich ab und widerspricht dem, wozu man selbst und die ganze Schöpfung berufen ist.

Angesichts solcher Gefährdungen wird die Gabe und Aufgabe der Ehe zur großen Lebensschule, sich in das Ziel des Lebens einzuüben und das zu werden, was man anfanghaft von Gott her ist und wozu man berufen ist: Communio zu werden und Liebe zu verwirklichen, beides in der Einheit von Einssein und Anderssein. Insofern aber die eheliche Communio die Keimzelle und Initialzündung jeder Sozialisierung ist, weist sie über sich hinaus auf das Ziel der ganzen Schöpfung hin: auf die Trinitarisierung der Wirklichkeit.

Aber sie weist auch, intensiver als jede andere Gemeinschaftsform, von sich aus auf die unbedingte Zusammengehörigkeit der horizontalen Communio (zwischen den Menschen) und der vertikalen Communio mit Gott hin. Der Philosoph Ulrich Hommes formuliert dies so:

„Die Liebe sucht den Anderen, und doch weist der Andere, gerade indem er sich ganz in die Liebe gibt, über sich selbst hinaus. Ich und Du, das heißt beiden, die sich da in der Liebe gegenüberstehen, ist mehr gegenwärtig als nur sie selbst, es ist ihnen gegenwärtig eben jenes, das sie sich lieben lässt, das ihnen diese Liebe gewährt, das sie in dieser Liebe selbst finden."[22]

In der zwischenmenschlichen Beziehung zeigt sich eine unendliche Offenheit, ein unendlicher Durst des Menschen, der durch kein endliches Du gestillt wird, sondern auf das „ganz andere Du" verweist, das dennoch in unendlicher Liebe Gemeinschaft mit uns Menschen sucht und uns in seine göttlich-trinitarische Communio einbeziehen will.

---

22 U. Hommes, Die Frage nach dem Heil, in: ders. / J. Ratzinger, Das Heil des Menschen, München 1975, 17.

7. Communio als Gnade

Die Frage „Wozu sind wir auf Erden?" ist also kurz und bündig so zu beantworten: Gott schenkt uns Zeit, damit wir in uns und um uns Lebensvollzug Gottes „Communio" ausprägen, um fähig zu sein, einmal für immer am Leben des „gemeinschaftlichen Gottes" teilzuhaben.

Diese Antwort vermeidet die Kritikpunkte, die anfangs am Antworttypus der Katechismen aufgedeckt wurde:

(1) Es zeigt sich ein *innerer* Zusammenhang zwischen Lebenszeit und Vollendung, zwischen irdischer Existenz und himmlischem Ans-Ziel-Kommen, zwischen Schufterei und Abrackern des Lebens auf der einen und dem von Gott verheißenen Schalom auf der andern Seite. Das tagtägliche Mühen um „Communialisierung", ja um „Trinitarisierung" des eigenen Lebens und der uns übergebenen Welt ist der Weg und damit das durchgehende Kontinuum zwischen dem Alpha der Schöpfung und dem Omega der Vollendung.

Wenn dieses Ziel „Communio verwirklichen!" wirklich das Programmwort christlichen Lebens ist, muss es sozusagen durch alle Lebensbereiche hindurch konkret dekliniert werden; keine Lebensdimension ist hier ausgeschlossen, buchstäblich jede ist gemeint. Eine besondere Rolle spielt hier der Alltag, wie dies bereits an der exemplarischen Rolle von Ehe und Familie hervortritt. Vom Alltag wird auch noch weiter die Rede sein. Aber überall gilt, dass es darum geht; Einheit, Versöhnung, Schalom zu verwirklichen je nach der persönlichen Berufung, die dem Einzelnen zuteil wird (siehe dazu S. 64).

(2) Die von uns gegebene Antwort auf die Frage nach dem „Wozu" des Lebens vermeidet es, allen Sinn unvermittelt direkt und allein in Gott festzumachen, da sie zugleich den

konkreten Weg des Menschseins beschreibt, einen Weg, der auch vorletzte Sinnerfahrungen miteinbegreift. Denn – das wissen wir aus Erfahrung – das Leben wird von vielen Menschen bereits jetzt in dem Maße als sinnvoll und glückend erlebt, als es sich verwirklicht in der Liebe zu Gott und dem Nächsten, als es Ferment für Gemeinschaft und Communio ist, als es sich für Gerechtigkeit, Versöhnung und Solidarität einsetzt. So gibt es ein Kontinuum zwischen glückender Sinnverwirklichung hier und heute und Hoffnung auf eine Vollendung der Communio dann, wenn Gott „alles in allem" ist.

All dem Gesagten muss jedoch eines mit Nachdruck hinzugefügt werden: Im Vordergrund steht bei all dem nicht die *Aufgabe* des Menschen, sein In-Verantwortung-Genommensein und sein Tun und Lassen, sondern die *Gabe* Gottes, in der alle Aufgabe gründet.

Der Vorrang der Gabe zeigt sich schon im Blick auf den trinitarischen Gott, das Urbild aller Communio. Person in Gott ist – so formuliert es die Theologie – reine Beziehung, reines Voneinander-her- und Aufeinander-hin-Sein. Jede Person ist gerade dadurch je sie selbst, dass sie in Beziehung zu den anderen steht. Genauer gesagt: Jede Person *ist* dadurch, dass sie von den andern empfängt und den anderen zurückgibt. Das Empfangen ist dabei nicht etwa ein Zeichen von Unvollkommenheit und Schwäche, wie es unter uns Menschen meist der Fall ist, so dass man oft meint: Wer empfängt, empfangen muss, verfügt leider nicht selbst über das, was er da entgegenzunehmen hat. In der Tat: Wenn das Maß aller Dinge der autonome, über sich selbst verfügen wollende Mensch ist, stellen sich Geben und Empfangen als eine defiziente Weise der Realität dar. Ganz anders zeigt es sich vom trinitarischen Gott her: Hier ist das Sich-Geben die höchste Form und das Maß aller Wirklichkeit. An ihm bestätigt sich das Wort von Klaus Hemmerle: „Es gibt nicht ein in sich stehendes Sein. Sein ist von allem Anfang an sich gebendes Geschehen."[23] Ebendas lässt sich am drei-einen Gott ablesen. Im Blick auf ihn erweist sich das schenkend-empfangende In-Beziehung-Stehen als höchste Form der Einheit. Von daher tritt auch erst der Spitzensatz des Neuen Testaments in sein volles Licht: „Gott ist die Liebe" (1 Joh 4,16). Wenn der eine Gott die Liebe ist (gegenseitiges „Sich-Geben"), dann sind die drei Personen gleichsam die „Knotenpunkte", zwischen denen sich der Rhythmus der Liebe, der Rhythmus des Sich-Gebens und Zurück-Gebens vollzieht. So zeigt sich schon im Blick auf den dreifaltigen Gott der Vorrang des Geschenks und der Gabe vor dem des Aus-sich-selbst-heraus-Seins und -Tuns.

Das gilt noch einmal mehr vom Geschöpf, das ja nichts von sich her besitzt, sondern alles von Gott her entgegenzunehmen hat. Deshalb lebt der Mensch authentisch, wahr und wahrhaftig nur dann, wenn er ganz und gar vom Geschenk her lebt. Das zeigt auch auf vielfältige Weise die Erfahrung: Der Mensch erfährt sich selbst in zwar zerbrechlicher, aber doch höchst realer Weise dort am intensivsten als er selbst, wo Liebe und Gegenliebe sind, wo die Begrenztheit und Einsamkeit des Ichs aufgebrochen, geöffnet wird für einen Prozess gegenseitigen Empfangens und Gebens. Nicht in der „Selbst"-Verwirklichung findet der Mensch Erfüllung, sondern in der „Ver-Anderung", d. h. in der Anerkennung und Annahme durch den andern, dadurch, dass im Geliebt*werden*, d. h. im Beschenktwerden durch die Liebe des andern das zunächst „Fremde" und „Begrenzende" zum „Eigenen" wird. Deshalb wird dort,

---

23 So bei Michael Böhnke, Einheit in Mehrursprünglichkeit, Würzburg 2000, 158.

wo der Mensch mit Liebe beschenkt wird, er auch zu wahrhaft menschlichem Leben befreit.

Gilt dies ganz allgemein, so nimmt der Geschenkcharakter allen menschlichen Seins und Tuns dort noch einmal einen besonderen Akzent an, wo es um die Aufgabe geht, Einheit zu verwirklichen und Communio zu schaffen. Das gilt sowohl von der Kirche als Ganzes, die das „universale Sakrament" der Communio ist, wie auch vom Einzelnen, der als seine Lebensaufgabe empfangen hat, ein gemeinschaftsfähiger Mensch zu werden. Bei aller Herausforderung menschlicher Anstrengung steht hier die *Gabe* der Einheit im Vordergrund. Sie kommt dem Einzelnen zu, indem er durch die Taufe sowohl in die Gemeinschaft mit Gott wie auch in die des Volkes Gottes hineingestellt wird. „Ich bin getauft und Gott geweiht. ... Ich bin in Christus eingesenkt und in sein Reich erhoben", so beginnt das Tauflied im „Gotteslob" (Nr. 635). Noch einmal mehr wird die Gabe der Einheit am höchsten Vollzug christlichen und kirchlichen Lebens, an der Eucharistie, deutlich.

8. Eucharistie – Gabe der Einheit

Die Eucharistie hat, gerade weil sie „der Höhepunkt ist, dem das Tun der Kirche zustrebt, und zugleich die Quelle, aus der all ihre Kraft strömt" (SC 10), viele Facetten. Hier soll nur eine einzige, aber die mit Sicherheit wichtigste, herausgegriffen werden. Dabei ist allerdings sogleich zu beklagen, dass immer noch unter Gläubigen und kirchlichen Amtsträgern ein äußerst defizientes, weil individualistisches und auf die Gegenwart Christi fokussiertes Verständnis der Eucharistie herrscht. Als ob es nicht unzählige Weisen der Gegenwart Christi gäbe: im Wort, in der Gemeinschaft derer, die im Glauben an Christus versammelt sind, in der Begegnung mit dem Armen und

Notleidenden! Es geht also in der Eucharistie nicht einfach um die Erfahrung der Gegenwart Christi und die Begegnung mit ihm, sondern um sein spezifisches Wirken, um seine ganz besondere Gabe, gerade in der Eucharistie und nur dort. Dieses Spezifikum besteht darin, dass Christus selbst uns in der eucharistischen Feier zur Einheit seines Leibes mit sich und untereinander zusammenführt. Indem die Eucharistie uns mit Christus und den vielen Schwestern und Brüdern verbindet, ist sie das „Sakrament der Einheit" schlechthin. In ihr wird uns der Sinn und das Ziel unseres Lebens: Communio, als Gabe geschenkt.

Dies sei ein wenig entfaltet: Zunächst ist schon sehr bezeichnend, dass die Bezeichnung der Kirche als „Leib Christi" zum ersten Mal im Zusammenhang mit der Eucharistie erscheint. „Ist der Kelch des Segens ... nicht Teilhabe am Blut Christi? Ist das Brot, das wir brechen, nicht Teilhabe am Leib Christi? Ein Brot ist es. Darum sind wir die vielen, ein Leib; denn wir alle haben teil an dem einen Brot" (1 Kor 10, 16 f). Das heißt: Indem jeder im Empfang von Brot und Wein sich mit Christus verbindet, werden die vielen Einzelnen eben nicht nur mit ihm, sondern auch untereinander eins: Sie werden Glieder an dem einen Leib, der Christus selbst ist. Die Kommunion des „Leibes Christi" bedeutet – um eine Formulierung des hl. Augustinus aufzugreifen – nicht nur Vereinigung mit „Christus allein" („Christus solus"), sondern mit dem „ganzen Christus" („Christus totus"), d.h. mit ihm, der das Haupt, und mit den Brüdern und Schwestern, die Glieder des einen Leibes sind.

Dies wird in negativer Form bestätigt durch die erste Erwähnung einer nachösterlichen Eucharistiefeier, die sich gleichfalls im 1. Korintherbrief (11,20 ff) findet. Es ist wohl kein Zufall, dass der Bericht unter dem Vorzeichen schärfster Kritik des Apostels steht: „Was ihr da bei euren Zusammenkünften tut, ist keine Feier des Herrenmahls mehr!" Warum nicht? Aus dem Textzusammenhang ist zu erschließen, dass die Gemeinde bei ihren eucharistischen Versammlungen, statt Einheit zu finden und zu verwirklichen, sich in Reiche und Arme, Besitzende und Nichtshabende spaltete. Wer so Eucharistie feiert, macht sich nach Paulus „schuldig am Leib und am Blut des Herrn". Deshalb fordert er zur „Unterscheidung des Brotes" auf, d. h., jeder soll sich bewusst werden, welche Herausforderung im Empfang des Herrenleibes steckt: Weil der Empfang uns Einheit schenkt, gilt es auch, Einheit zu verwirklichen, nicht nur mit dem Herrn selbst, sondern mit den vielen Brüdern und Schwestern. Auf dieser Linie betont Augustinus:

„Ihr selbst seid Christi Leib und Glieder. ... Darum empfangt ihr euer eigenes Geheimnis. Was ihr selbst seid, darauf antwortet ihr [wenn der Kommunionspender ‚Der Leib Christi' sagt] mit Amen. ... Seid also ein Glied von Christi Leib, damit euer Amen wahrhaftig sei. ... Seid, was ihr empfangt, und empfangt, was ihr seid [Leib Christi]."[24]

Somit ist das eigentliche und letzte Ziel der Eucharistie – wie ebenso Thomas von Aquin sagt – „die Einheit des Leibes Christi", die in und durch die Eucharistie durch Christus selbst erwirkt wird. Zu erinnern ist hier auch an das schöne, aber kaum übersetzbare Wortspiel von Henri de Lubac: „L'Eglise fait l'Eucaristie" – L'Eucaristie fait l'Eglise" – „Die Kirche macht (= feiert) Eucharistie, und die Eucharistie macht die Kirche". Gemeint ist damit die *ganze* kirchliche Einheit, die weit über die zur Feier Versammelten hinausgeht, denn jede Eucharistie wird „in Gemeinschaft mit unserem Papst und den Bischöfen", d. h. im universalen Netzwerk der weltweit lebenden Kirchen, gefeiert. Deshalb kann es für katholisches Verständnis auch keine gemeinsame (liturgische) Eucharistiefeier („Abendmahlsgemein-

---

24 Augustinus, sermo 272, (PL 238, 1247).

schaft") geben, die nicht eo ipso auch konkrete kirchliche Einheit bedeutet. Darüber hinaus ist aber auch die Einheit gemeint, die ein jeder im konkreten Leben des Alltags und der Freizeit, des privaten und öffentlichen Umfelds zu verwirklichen hat. Darauf verweist auch jene Bezeichnung der Eucharistie, die wohl (noch) am meisten verbreitet ist: Messe. Der frühere lateinische Entlassungsgruß („Ite, missa est", heute in der deutschen Übersetzung „Gehet hin in Frieden") wurde zum Namen für das ganze Geschehen. Doch entdeckte man schon im Frühen Mittelalter darin einen tieferen Sinn: Die Eucharistie erschöpft sich nicht in der liturgischen Feier. Wer mit Christus und den vielen Brüdern und Schwestern eins geworden ist, wird dazu befähigt, beauftragt und „gesandt" („missa" – Messe hängt mit „missio" – Sendung zusammen), wo immer er ist und handelt, Einheit zu verwirklichen und ein Ferment der Einheit zu sein.

In jedem Fall aber geht es um Weitergabe und Verwirklichung der von Christus bewirkten und geschenkten Einheit, die ihrer Vollendung noch harrt.

9. Auf dem Weg zur umfassenden Communio

Auf vollendete Communio hin ist die Welt, ja ist Christus selbst mit der Welt noch auf dem Wege. Ihr Ziel ist erst dann erreicht, wenn alles in die Communio des dreifaltigen Gottes eingegangen und Gott „alles in allem ist" (1 Kor 15,28). Dann wird sich in unverhüllter Klarheit zeigen, dass Himmel und Erde geschaffen sind, um – wie Jürgen Moltmann formuliert – „als das ‚gemeinsame Haus' aller Geschöpfe zum ‚Haus Gottes' zu werden, in welchem Gott bei seinen Geschöpfen ist und seine Geschöpfe ewig bei ihm leben können. Das wird biblisch mit dem Bild vom [endzeitlichen] Tempel Gottes ausgedrückt, ... in den die Herrlichkeit Gottes einziehen und ruhen kann"[25].

Als ich vor einigen Jahren in Peru war, traf ich einen Indio, der zwar nicht lesen und schreiben konnte, der aber in hervorragender Prägnanz auf – wie mir scheint – geradezu unübertreffbare Weise das Zentrum des christlichen Glaubens in das Wort brachte: „Dios es comunión – Gott ist Communio und deshalb müssen wir Menschen Communio werden!" In dieser knappen Aussage kommt tatsächlich das Entscheidende über den Sinn von Schöpfung und Geschichte und darin auch über den Sinn unseres Lebens zum Ausdruck: Wir Menschen sind geschaffen als Bild Gottes, ihm ähnlich. Aber diese Ähnlichkeit ist zunächst naturhafte Vorgegebenheit, die in Freiheit zu verwirklichen ist. Gerade dazu sind wir auf Erden, gerade dafür ist uns Zeit gegeben, dass wir das Bild Gottes, das wir anfanghaft sind, aus eigener Ursprünglichkeit, d. h. Freiheit heraus mehr und mehr in uns und unter uns ausprägen. Da nun aber der drei-eine Gott Gemeinschaft ist, ergibt sich als Konsequenz, dass wir ihm genau in dem Maß ähnlicher werden, als wir mehr Gemeinschaft werden, als wir aus unserem Insel-Dasein, Narzissmus und Egoismus ausbrechen und communiale, gemeinschaftliche und gemeinschaftsfähige Menschen werden, kurz: als wir uns bemühen, wo immer wir stehen, Ferment der Einheit zu sein und auf diese Weise dem communialen, gemeinschaftlichen Gott zu entsprechen. Nur so können wir einmal für immer im Leben Gottes „mitspielen".

Diese Überzeugung ist gewissermaßen die Basis christlicher Spiritualität, der Urgrund, auf dem dann ganz unterschiedli-

---

25 J. Moltmann, Die Quelle des Lebens. Gütersloh 1997, 114.

che Verwirklichungsformen aufruhen, ohne den aber wohl schwerlich eine Spiritualität christlich genannt werden kann. Communio verwirklichen! – Wie soll das aber *konkret* geschehen? Wie setze ich diesen Auftrag zur Communio, der unserem menschlichen Leben den eigentlichen Sinn von Gott her gibt, in mein ganz persönliches Leben um? Antwort auf diese Fragen gibt der biblisch-christliche Glaube, wenn er den Menschen versteht als den von Gott persönlich Gerufenen.

Zweites Kapitel
Hören auf den Ruf

1. Berufung – um was geht es?

Das Thema Berufung ist mit zwei Hypotheken belastet. Die erste besteht darin, Berufung durch Gott auf *besondere* Berufungen wie etwa auf die zum Priester- und Ordensstand zu beschränken. Die zweite Hypothek engt Berufung noch einmal mehr dadurch ein, dass man damit eine mehr oder minder einmalige Entscheidung, die man als *junger* Mensch zu treffen hat, verbindet. Zu Beginn des Erwachsenenalters, meinen manche, da fühlen sich einige berufen: zu dem oder jenem Beruf, zu der oder jener Partnerschaft, zu dem oder jenem Engagement in Gesellschaft und Kirche. Aber spätestens dann, wenn man sich beruflich und partnerschaftlich etabliert und seinen Ort in Kirche und Gesellschaft gefunden habe, sei das Berufungsgeschehen abgeschlossen. Berufung sei dann nur noch etwas für die anderen, für die jungen Leute, die noch ihre Entscheidungen zu treffen hätten. Demgegenüber ist jedoch mit Nachdruck zu betonen, dass Berufung sich erstens nicht auf eine bestimmte elitäre Gruppe von Menschen beschränkt, sondern nach christlichem Verständnis jeden ohne Ausnahme betrifft, und dass sie zweitens ein ständiges, das ganze Leben begleitendes Geschehen ist, das, solange wir leben, nie abgeschlossen ist.

Eine kleine Anekdote zum Einstieg: Martin Buber erzählt in seinen Chassidischen Geschichten von einem gewissen Rabbi Sussja. Dieser habe kurz vor seinem Tod gesagt: „In der kommenden Welt wird man mich nicht fragen: ‚Warum bist du nicht Mose gewesen?' Man wird mich fragen: ‚Warum bist du nicht Sussja gewesen?'"[26] Der Sinn dieser kleinen hintergründigen Geschichte liegt auf der Hand: Ich darf mich in meinem Leben und für mein Leben nicht an einem anderen orientieren, und mag es auch Mose sein, sondern muss „ich selbst" werden! Aber was heißt das? Für den Glaubenden bedeutet dies: Ich muss so werden, wie ich ganz persönlich, unverwechselbar von Gott ausgedacht, gewollt und ins Dasein gerufen bin. Denn wenn auch das Sinnziel des menschlichen Lebens – Einheit verwirklichen, Communio leben, gemeinschaftsfähig werden – für alle gleich ist, so habe ich doch *in der konkreten Ausgestaltung dieses Auftrags* meiner persönlichen Berufung, wie sie mir von Gott her zukommt, zu folgen. Ich muss darauf hören, wo Gott mich hinstellt, wo und wie ich meine Begabungen, meine Charismen, meine Eigenheiten, wie ich sie von Gott empfangen habe, entfalten und zum Einsatz bringen kann. Damit ist freilich sofort die Frage gegeben: Woher weiß ich das? Woher weiß Sussja, wer und wie Sussja sein soll? Wie vernehme und erkenne ich den Ruf Gottes an mich, die Absicht Gottes mit mir? Machen nicht viele, vielleicht sogar die meisten Menschen heute die Erfahrung, dass Gott schweigt, dass er sich in ein geheimnisvolles Dunkel zurückgezogen zu haben scheint? Wie kann man da überhaupt von so etwas wie Berufung, von der Vernehmbarkeit des Rufes Gottes sprechen?

---

26 M. Buber, Werke III, 720.

Bevor wir darauf eingehen, haben wir zunächst noch näher das Wesen des Rufes und der Berufung in den Blick zu nehmen.

2. Vom Wesen des Rufes

Am Anfang der Heiligen Schrift, im so genannten ersten Schöpfungsbericht, wird gesagt, dass Gott alles ins Dasein gerufen hat; alles Geschaffene verdankt seine Existenz dem göttlichen Wort, das aus dem Nichts ins Sein ruft. Diese Schöpfung aus dem Nichts war und ist nichts Einmalig-Vergangenes, es gehört vielmehr zur Struktur des göttlichen Handelns. Es spiegelt sich auch in den Berufungsgeschichten der Heiligen Schrift wider. Hier werden nämlich Menschen zu etwas gerufen, was sie aus sich heraus nicht vermögen; sie können weder ihren Ruf selbst „machen" noch ihm aus eigener Kraft folgen. Erst durch das Wort Gottes kommen sie in Bewegung. Alles verdankt sich also dem rufenden Wort Gottes, die ganze Schöpfung! Der Mensch allein aber ist dazu befähigt, auf Gottes Wort in Freiheit Ant-Wort zu geben. So wird es anschaulich in der so genannten Paradiesesgeschichte dargestellt: Gott wendet sich Adam zu und ruft ihn: „Wo bist du?" (Gen 3,8). Damit wird Adam vor Gottes Angesicht, in seine unmittelbare Gegenwart, gerufen und um Ant-Wort ersucht. Gottes Ruf ist ausgerichtet auf die Antwort des Angerufenen. So vollzieht sich Menschsein wesentlich im Antwortgeben, im Dialog mit Gott. Dies ist geradezu das Urdatum des biblisch-christlichen Menschenbildes.

Es ist also nicht so, wie manche es sich vordergründig vorstellen, dass da zunächst einmal der Mensch fertig dasteht als ein Wesen, das in sich Sein hat, in sich steht, für sich da ist, und das *dann* als ein in sich fertiges Wesen nach freiem Gusto die verschiedensten Beziehungen aufnehmen kann, darunter auch die Beziehung zu Gott. Nein, der Mensch ist von seinem Urgrund her relational, d. h., er ist ein Beziehungswesen, ein „Geschehen" von Konstitution durch das Wort Gottes und respondierender Antwort. Mein Ich *ist* dadurch, dass es von Gott als Du gerufen ist – „Du, mein Geschöpf!" –, und der Grundakt des Menschen besteht darin, dass das Ich sich zum Du zurückbiegt – „Du, mein Gott!" Martin Luther fasst diese tiefe Wahrheit über den Menschen in dem schönen Wort zusammen „Nos extra nos esse" – frei übersetzt: „Unser Sein ist so beschaffen, dass es außerhalb von uns begründet ist." Anders gesagt: Unser tiefstes und wahres Wesen ist ex-zentrisch. Wahres Leben, Identität und Glück finden wir nicht, indem wir bei uns im Zentrum bleiben, sondern heraustreten in Beziehung, ja, dass wir als Beziehung leben, als Antwort auf das uns bestimmende Wort Gottes.

Auch dieses Moment ist sehr schön in der Heiligen Schrift ausgesagt, wenn es im ersten ausdrücklich bezeugten biblischen Berufungswort an Abraham heißt: Zieh heraus, zieh fort aus der angestammten Welt, aus deinem Zuhause, wo du ganz bei dir bist! (vgl. Gen 12,1f). Abraham muss sich auf einen Weg machen, auf welchem er in immer neue Beziehungen zu Gott und zu den Menschen tritt. Und ein weiteres wird an Abraham deutlich: Der Ruf Gottes, seine Berufung, ist nichts Einmaliges, sondern Abraham muss jeden Tag aufs Neue auf den Ruf Gottes hören. Er weiß ja nicht, wohin die Reise geht, wohin der Weg führt, zu dem Gott ihn herausruft. „Er zog weg", heißt es im Hebräerbrief, „ohne zu wissen, wohin er kommen würde" (Hebr 11,8). Er muss täglich neu fragen und hören: Gott, und wohin jetzt?

Im Einzelnen sieht der Ruf Gottes sehr verschieden aus, an jeden ergeht er in anderer Weise. Immer aber geht es um zweierlei: erstens um einen Ruf zum Leben mit Gott und zweitens – gleichursprünglich – um jenen Auftrag, von dem im ersten Kapitel die Rede war: um den Auftrag, sich für Einheit und Gemeinschaft, Frieden und Versöhnung einzusetzen, zum Segen und Heil der anderen. „Du sollst ein Segen sein" (Gen 12,2), heißt es im Anruf Gottes an Abraham, und dieser Gehalt spiegelt sich der Sache nach in jedem weiteren biblischen Berufungswort wider. Von Gott her und auf Gott hin berufen sein heißt immer auch für andere, d. h. zum Segen anderer berufen sein. Die Antwort, die der Mensch auf den Ruf Gottes zu geben hat, ist untrennbar von der Antwort, die er seinem Mitmenschen zu geben hat. Anders gesagt: Da, wo der Mensch erfasst hat, dass er seinem Wesen nach nicht autark in sich steht, sondern auf das Du hingeordnet ist, da nimmt das Du einen unlöslichen Zweiklang an: Im Du-Sagen gibt der Mensch sowohl Gott wie auch dem Nächsten Antwort. Es ist also die unteilbare eine Liebe zu Gott und zu den Mitmenschen, welche die christliche Antwort auf den Ruf bestimmt. Berufung zu Gott ist immer Berufung, die zum Menschen führt, und eine wahre Berufung zum Menschen führt immer zu Gott.[27] Wer zu Gott sagt: Da bin ich!, der stellt sich auch hinein in die Bewegung, mit der Gott selbst heilvoll auf die Welt zugeht und für sie „da" ist. Darum geben wir gerade im Bemühen um Communio, im Füreinander-Dasein, im Einsatz unserer Fähigkeiten zum Wohl der Gemeinschaft, im Exzentrisch-Werden auf das glückende Leben der Gemeinschaft hin Antwort auf den Ruf Gottes. Es ist eine *freie* Antwort. Auch das können wir der Abrahams-Perikope entnehmen.

„Gott zwingt Abraham nicht, sondern er wirbt um seine Zustimmung. Gott handelt nicht an Abraham ohne Abraham, sondern ganz ausdrücklich mit ihm. Und ... Gott fängt ganz klein an. Er setzt keine Massen in Bewegung; er hat für die Veränderung der ganzen Welt", aus der das eine

---

27 Vgl. K. Hemmerle, Berufungspastoral um die Jahrtausendwende, in: Berufung. Zur Pastoral der geistlichen Berufe, 24 (1986) 15.

geeinte Volk Gottes werden soll, niemanden außer diesem Abraham. Und doch: „Gott überfordert Abraham nicht. Er fordert nichts Unmögliches. Äußerlich betrachtet zieht dieser Aramäer von Zeltplatz zu Zeltplatz, plagt sich mit den Problemen, mit denen alle Nomaden zu kämpfen haben. Und doch verbirgt sich hinter der Fassade des Gewöhnlichen etwas ganz Außergewöhnliches. Denn hier beginnt ein Mensch, sein ganzes Leben mit all seinen kleinen Sorgen und Nöten aus dem Hören auf Gott zu gestalten."[28]

Und so kann er zum Vater des Gottesvolkes werden, zum Ferment einer neuen versöhnten Einheit unter den Menschen, an der die Welt erkennen kann (oder: erkennen können sollte), was eine aus dem Hören auf den Ruf lebende Gemeinschaft ist.

Merkmale des Rufes werden vor allem näher im Neuen Testament entfaltet. Hier ist es ein durchgehendes Thema, dass Menschen in die Nachfolge Jesu gerufen werden, in die Nachfolge jenes Mannes, dessen tiefstes Wesen der Einsatz für die Communio Gottes mit den Menschen und der Menschen untereinander war (vgl. S. 40 ff). Wichtige Züge dieses Nachfolgerufes können wir der Perikope Mk 3,12 f entnehmen. Sie handelt von der Berufung der so genannten zwölf Apostel, die von Christus in eine besondere, sehr enge Nachfolge gerufen und denen eine besondere Sendung anvertraut wurde, die gewiss so nicht für alle Geltung hat. Aber man hat in der Kirche diese besonderen Berufungen immer als *exemplarisch* für *jede* Form des Rufes Christi verstanden, weil ihre Struktur die gleiche ist wie der Ruf, der an jeden ergeht.

In dieser Perikope heißt es: „Und er (Christus) setzte zwölf ein. Er wollte, dass diese mit ihm seien, und er wollte sie dann aussenden, damit sie predigten und in seiner Vollmacht Dämonen austrieben." Die erste „Etappe" von Berufung und Sen-

---

28 K.-H. Menke, Jesus ist Gott der Sohn. Denkformen und Brennpunkte der Christologie, Regensburg 2008, 516.

dung besteht mithin darin, dass die Berufenen „mit Christus sind", dass also der Lebensauftrag, den sie erhalten, aus der besonderen Nähe und Freundschaft mit ihm erwächst. Damit klingt schon an, was das spätere Johannesevangelium 21,5 an der (gleichfalls exemplarischen) Szene der Petrus-Berufung klarmacht: Erst nachdem Petrus dreimal bekannt hat, dass er den Herrn liebt, bekommt er seine spezifische Sendung „Weide meine Lämmer!". Damit ist etwas Entscheidendes für jede Berufung zum Ausdruck gebracht: Die Liebe zu Gott bzw. zu Christus ist die Grundlage, aus der die besondere Beauftragung eines jeden resultiert.

Dann heißt es in unserem Text weiter, dass die Berufenen vom Herrn ausgesandt werden, um so wie er zu handeln: Sie sollen die Botschaft vom Reich Gottes – d. h. von der großen Communio Gottes mit den Menschen und der Menschen untereinander – weitertragen und Dämonen – d. h. die desintegrierenden, Einheit und Frieden zerstörenden Kräfte – austreiben, ganz so wie er. Wer berufen ist, steht also für den Herrn, handelt so wie er, führt sein Wirken weiter. Das bedeutet auch: Der Berufene muss wie ein Fenster sein, das transparent, durchsichtig, ist für den, der beruft und sendet. Ein Fenster erfüllt seinen Zweck nur, wenn der Blick nicht am Fenster haften bleibt, sondern durch es hindurch ins Freie und Weite geht. Wenn das Fenster schmutzig ist, bleibt der Blick daran hängen, und man ärgert sich, weil die Aussicht Schaden leidet. Kritische Zwischenfrage: Sind Christen in ihrer Mehrzahl durchlässig für den Blick auf Christus und sein Evangelium oder verstellen sie nicht selten die Möglichkeit, dass Nichtglaubende durch sie den Kontakt zum Glauben finden?

Als Drittes weist unsere Perikope darauf hin, dass Christus *sie* aussendet, *sie*, d. h. die berufenen Jünger im Plural, nicht je einzeln. Dieser Umstand wird noch unterstrichen durch die Evangelienberichte von der Aussendung der 70 bzw. 72 Jünger, worin es ausdrücklich heißt, dass der Herr sie „zu zweit" aussendet. Denn so persönlich die Berufung auch immer ist: die Sendung, der Auftrag ist gemeinsam zu erfüllen. Das Ziel der Wege Gottes ist ja Gemeinschaft und Einheit, Versöhnung und Frieden. Deshalb darf auch der zum Dienst an diesem Ziel Berufene kein Einzelgänger sein, er muss vorleben, wofür er sich einsetzt. Die Menschen sollen sehen können, dass die Jünger einander lieben, dann wird auch ihr Engagement für Einheit und Frieden überzeugend sein.

Wenn also auch die Jünger zu gemeinsamer Sendung berufen werden, ist diese doch, was die konkrete Form und Durchführung betrifft, je ganz persönlich und stellt auf einen ganz persönlichen Weg. Dafür verleiht Gott auch, jedem anders, besondere Charismen, Begabungen, Fähigkeiten, die im gegenseitigen Dienst einzubringen sind. „Dient einander als gute Verwalter der vielfältigen Gnade Gottes, jeder mit der Gabe, die er empfangen" (1 Petr 4,10). Keiner von uns ist nur ein Fall von Menschsein, jeder ist ganz und gar einmalig. Und darum lässt sich auch das, was ich konkret tun soll, nicht bestimmen durch allgemeine Wesensaussagen und Imperative, sondern nur durch das Vernehmen der Einmaligkeit meines Seins und Sollens, durch das stete Hören auf das Wort Gottes. Kurz: Ich habe einen einmaligen Ruf und eine unverwechselbare Sendung von Gott her. Ja, nach einem schönen Wort von Karl Rahner *habe ich* nicht nur einen Ruf und eine Sendung, *ich bin* ein Ruf Gottes, ein einmaliges Wort Gottes, eine Sendung Gottes in die Welt hinein, mit der wir uns in die Bewegung hineinstellen, mit der Gott selbst heilvoll auf die Welt zugeht.

3. Berufung und Beruf

Von dieser Grundlegung aus wird auch deutlich, dass mit dem Begriff Berufung der des Berufes aufs engste zusammenhängt, obwohl es gerade für die Neuzeit typisch ist, dass sich beides völlig auseinanderentwickelt hat. Berufung wird heute, wie schon anfangs erwähnt, als eine spezifisch religiöse und dazu noch nur für eine religiöse „Elite" geltende Wirklichkeit empfunden. Nach mehrheitlicher Meinung bedarf man für den Ordens- und Priesterberuf einer besonderen Berufung von Gott her, während die übrigen Berufe Bereiche des ganz normalen weltlichen Lebens sind, die mit dem Glauben nichts oder wenig zu tun haben und wofür infolgedessen auch keine Berufung erforderlich ist.

Dagegen verstand man in der frühen Christenheit gerade auch die berufliche Tätigkeit und den damit gegebenen gesellschaftlichen Ort ganz selbstverständlich als Gegenstand eines göttlichen Rufes.[29] Doch diese Auffassung ging in dem Maße verloren, als das Christentum sich volkskirchlich organisierte, d. h. als eine Gemeinschaft, in die hinein man geboren statt gerufen wird, als ein Glaube, der vornehmlich als religiös und moralisch informierende Lehre übermittelt wird statt als eine Einladung zur Nachfolge, auf die man persönlich Antwort zu geben hat. So ging im Volkskirchentum weithin das Bewusstsein verloren, dass *jeder* von Gott nicht nur in die Kirche und in den Glauben, sondern auch in einen konkreten Weltdienst hinein berufen ist.

So etwas wie persönliche Berufungserfahrung wanderte nun aus dem durchschnittlichen Christentum aus und in das Mönchtum hinein. Hier lebte der Gedanke des persönlichen

---

29 Siehe dazu F. Wagner, Berufung III, in: TRE 5, 689 ff. Vgl. auch für das Folgende.

Berufenseins durch Gott fort. Der geistliche Stand, und nur dieser, hat – so meinte man hinfort – einen Beruf, dem eine Berufung entspricht. So „entlastet" sich die „normale" Christenheit vom Erfahrungsdefizit, keine Berufung zu haben, dadurch, dass sie gleichsam besondere „Subjekte" aus sich heraussetzt, welche „noch" die Erfahrung eines persönlichen Berufenseins machen.

Schon die mittelalterliche Mystik protestierte gegen diese Engführung und hob hervor, dass man für jedes Amt und jede Arbeit einen Ruf Gottes zu erwarten habe. Doch erst Martin Luther gelang es im Zuge der Reformation, eine neue Berufungs- und Berufsauffassung grundzulegen. Er bestreitet kurz und bündig das Berufungsprivileg des geistlichen Standes und betont geradezu polemisch, dass jeder Mensch in seinen irdischen Geschäften prinzipiell eine Berufung durch Gott und daher einen Beruf im vollen und ganzen Sinn hat. Dieser Be-Ruf ist charakterisiert als ethischer Anruf zum verantwortlichen Dienst an der menschlichen Gemeinschaft. Allerdings ist für Luther dieser Beruf „weltlich", d. h., er hat zwar Bedeutung für das „In-der-Welt-Sein" des Menschen, nicht jedoch besitzt er – wie Luther im Zuge seiner spezifischen Rechtfertigungs- und Zwei-Reiche-Lehre betont – Heilsrelevanz, Bedeutung für das Reich Gottes. Das gnadenhafte Heil wirkt Gott ganz allein, ohne menschliches Mittun. Auf Grund dieser spezifisch reformatorischen Konzeption – nach welcher der Mensch in seinen Beruf zwar von Gott gerufen ist, der Beruf aber nur für das In-der-Welt-Sein des Menschen, doch nicht für sein letztes Heil relevant ist – ging im weiteren Verlauf der Neuzeit auch genau das mehr und mehr verloren, was Luther unbedingt herausstellen wollte, dass nämlich jeder Beruf Antwort auf einen Ruf Gottes in den Dienst für die anderen ist. Jetzt wurde der Beruf vollends säkularisiert.

Das hing und hängt auch damit zusammen, dass in der neuzeitlichen Arbeitswelt nur noch von ganz wenigen die Erfahrung gemacht werden konnte und kann, dass sie in ihrem Beruf wahrhaft anderen dienen. Denn die moderne Arbeitswelt steht – plakativ gesagt – unter der Zielvorstellung: ökonomisches Wachstum, und zwar unabhängig von der Frage, ob damit dem anderen wirklich gedient ist. Heute wissen viele nicht, ob die von ihnen produzierten Artikel oder organisierten Dienstleistungen und Institutionen überhaupt benötigt werden und im Interesse der wahren Menschlichkeit des Menschen stehen. Man sieht, dass es im gegenwärtigen Gesellschaftssystem um Profite, um Rentabilität, um Expansion um der Expansion willen geht. Konsequenterweise legt sich dem arbeitenden Menschen der Gedanke nahe, dass auch der Sinn seiner Arbeit im Einkommen und Gehalt und in den davon abhängigen Konsumchancen besteht. Damit aber verschwindet alle positive Sinngebung vom Arbeitsplatz weg und wird stattdessen in den Freizeitbereich verlegt: Das wahre Menschsein beginnt für viele nach und außerhalb der beruflichen Tätigkeit. Damit geht die Idee der Arbeit als „Beruf", der einem Ruf entspringt, vollends verloren, verloren geht aber auch das Bewusstsein davon, dass ich, wie auch jeder andere, Charismen besitze, die ich im Dienst für die Allgemeinheit einzubringen habe, verloren geht auch die Überzeugung, dass ich an *der* Stelle, wo ich beruflich tätig bin, Einheit zu verwirklichen habe, auf ein gutes Miteinander und Füreinander bedacht bin und so die meist kleine Welt meines Berufes auf das große gemeinsame Ziel: Communio, hin in Bewegung setzen soll.

So ist es kein Wunder, dass Ruf und Berufung heute zu fast exklusiv religiösen Größen geworden sind, die sich allein auf die geistliche Dimension beziehen: auf den Priester- und Ordensstand. Und entsprechend wählen die meisten Menschen ihren normalen Beruf nach Neigung und Vorliebe, nach Verdienstchancen und Karrieremöglichkeiten, nach Lust und Laune, ohne auch nur einen winzigen Gedanken daran zu verschwenden, ob und wie Gott etwas von ihnen will, wohin Gott sie ruft. „Ich habe keine Berufung", sagt man und meint damit: Ich erfahre keine religiösen Antriebe zu einer besonderen geistlichen Tätigkeit. Beruf und Berufung sind auseinandergebrochen und damit ein konkretes Zeichen für den typisch neuzeitlichen unheilvollen Bruch zwischen Welt und Glaubenswirklichkeit, zwischen weltlicher und gläubiger Existenz. Wenn wir dagegen an dem festhalten, was anfangs erörtert wurde, dass nämlich der Ruf Gottes immer eo ipso zu den anderen Menschen und in die Welt hinein sendet, so ergibt sich daraus, dass der Beruf eine der wesentlichen konkreten Gestalten und Ausformungen der Berufung eines jeden ist. Geht es doch darum, gerade an der Stelle, die man kraft seines Berufes einnimmt und gestalten kann, die Welt auf das Reich Gottes hin zu finalisieren und transparent zu machen. Der Beruf ist darum mehr als eine bloße Möglichkeit zum Broterwerb, mehr auch als das Profil, in dem man sein eigenes Ich verwirklicht. Er ist für den Christen nicht nur etwas Profanes, sondern die Form seines „Gottesdienstes im Alltag", von dem in Röm 12 die Rede ist.

4. Berufung und Christsein

Auch die Berufung zum Christsein ist neu zu entdecken. Der christliche Glaube geht heute nicht mehr weiter durch ein selbstverständliches Hineinwachsen in den Glauben in einer christlichen Familie und Gesellschaft. Die ehemals christlichen Milieus sind am Zerbrechen oder sind schon zerbrochen. Übernahme des Glaubens wird zur ganz persönlichen Angelegenheit, indem man sich von Gott dazu angerufen fühlt. Aber

	Bitte ausreichend frankieren

Antwort

Echter Verlag
Dominikanerplatz 8

D-97070 Würzburg

Vor- und Zuname

Beruf

Straße/Hausnummer

PLZ/Ort

E-Mail

Ich interessiere mich vor allem für Literatur aus den Bereichen

☐ Religion/Theologie ☐ Gemeindearbeit/Pastoral
☐ Franken/Bayern ☐ Lebenshilfe/Meditation

Schicken Sie Ihren Katalog auch an:

Vor- und Zuname

Straße/Hausnummer

PLZ/Ort

Ihre Meinung ist uns wichtig!

Welchem Buch haben Sie diese Karte entnommen?

___

Erfüllt das Buch inhaltlich Ihre Erwartungen?

___

Wie gefällt Ihnen die Gestaltung des Buches?

___

Was würden Sie an diesem Buch gerne anders wünschen?

___

☐ Senden Sie mir bitte Ihren Neuerscheinungsprospekt
    ☐ einmalig   ☐ regelmäßig
☐ Informieren Sie mich bitte per E-Mail über Ihre Neuerscheinungen

www.echter.de

Wie sind Sie auf das Buch aufmerksam geworden?

☐ Prospekt
☐ Rezension
☐ Anzeige in Zeitschrift
☐ Empfehlung des Buchhändlers
☐ Homepage des Verlages
☐ Internet allgemein
☐ Andere

die Antwort auf diesen Ruf in den Glauben geschieht heute meist nicht durch einen einzigen Akt der Hinwendung zu Gott, zum Evangelium, zur Kirche, sondern in einem oft sehr langwierigen Prozess des Suchens, Findens und neuen Suchens. Ein solcher Prozess kann aber nur gelingen, wenn er durch ein ständiges Hinhören auf den rufenden Gott charakterisiert ist. Man ist nie fertig als Christ. „Des Lebens Ruf an uns wird niemals enden" (Hermann Hesse). Gott bleibt der rufende und wir die Hörenden. Denn so lautet ein Bild von Rainer Maria Rilke: „Gott ist der Gast, der immer weitergeht ..." Niemals habe ich ihn endgültig in mein Lebenshaus aufgenommen, so dass ich, zufrieden über einen „ruhigen Mieter", die Hände in den Schoß legen kann. Gott geht weiter. Magis! Und nur wenn ich ständig auf seinen Ruf hin aufbreche, habe ich Gemeinschaft mit ihm. Vielleicht macht gerade dies unser noch real bestehendes Kirchentum so träge und unglaubwürdig, dass nur wenige ihr Christsein als einen Prozess verstehen, der vom ständigen Hören in Bewegung gehalten wird. „Gott, was willst Du hier und heute von mir?"

Diese Wahrheit, dass alle Menschen und in besonderer Weise alle Getauften ohne Ausnahme eine Berufung haben, ist auf dem II. Vaticanum in ihrem vollen Gewicht wiederentdeckt worden, ohne dass man nun sagen kann, dass dies schon Kopf und Herz der Christen erreicht hat. Ja, es scheint sogar, dass die heutige Gesellschaft es verhindert, seiner persönlichen Berufung zu folgen. Der Grund liegt in einem dialektischen Phänomen, das unsere Gegenwart bestimmt: Auf der einen Seite gibt es in unserer Gesellschaft immer weniger Vorgegebenes, das gewissermaßen „selbstverständlich" zu einem Teil meines Lebens wird, dagegen gibt es so viele individuelle Entscheidungsmöglichkeiten wie nie zuvor. Entscheidungsmöglichkeiten bedeuten aber auch Entscheidungszwänge: Ich muss ständig aus einer Überfülle von Möglichkeiten auswählen. Meine Biographie wird damit weithin zu einer „Wahlbiographie". In diesem Sinn ist der heutige Mensch – so eine Reihe von Soziologen im Anschluss an J. P. Sartre – „zur Individualisierung verdammt". Aber – und das ist jetzt die dialektische Kehrseite der Medaille – diese Individualisierung geschieht nicht durch eine einzige Grundwahl, die dann alle Bereiche des Lebens durchdringt und zu einer stabilen Identität führt, sondern durch eine ganze Reihe von äußerst unterschiedlichen Wahlen, Wahlen in einem unabsehbaren Plural. Denn – so Eva-Maria Faber:

„die Menschen, die ihre eigene Biographie selbst gestalten, stehen in sehr verschiedenen Lebenswelten, da die Gesellschaft in verschiedene Bereiche zerfällt, die immer weniger miteinander zu tun haben. Die Berufswelt ist anders als die Welt der Familie, oft auch anders als die Welt des Heimatortes, dazu kommen die verschiedenen Freizeitwelten. Es gibt verschiedene Zugehörigkeiten, die ganz unterschiedliche Ansprüche stellen: der eine Verein so, der andere anders, und es gibt immer weniger Verbindendes."[30]

Das ist unsere Situation. Damit aber in dieser komplexen Lage eine wahrhaft persönliche, einmalige Gestaltung des eigenen Lebensweges gelingt, bedarf es einer starken persönlichen Mitte. Denn es ist nicht mehr wie früher, wo es für die Wahl zur eigenen Lebensgestaltung überlieferte, allseits anerkannte Leitlinien gab.

„Jeder und jede einzelne muss selbst dafür sorgen, aus dem eigenen Leben doch ein Ganzes werden zu lassen. Wenn dies nicht gelingt, wird aus der Wahlbiographie eine Bruchbiographie. Damit dies gelingt, braucht es eine starke Freiheit, eine starke Identität – und die scheint oft zu fehlen. Es ist festzustellen, dass viele Menschen mit ihrer größeren Freiheit und den vielen Wahlmöglichkeiten nicht fertig werden. Es gibt dann verschiedene Lösungen. Manche verschreiben sich einer bestimmten Gruppierung, die

---

30 E.-M. Faber, Mit Würde und Freimut. Vortrag auf der Jahresversammlung vom 12. 5. 2001: Bündnerinnen und Bündner für eine glaubwürdige Kirche, Chur 2001, 7.

mit ihrem möglichst eindeutigen und nicht mehr hinterfragten Programm das Leben weitgehend reglementiert. Gerade junge Leute neigen heute wieder sehr zu solchen ‚fundamentalistischen' Lösungen. Andere lassen sich einfach von einer Lebenswelt zur anderen treiben, passen sich überall an. Gewählt wird das, was jeweils am meisten ‚Spaß' macht (Spaßgesellschaft), ohne zu fragen, ob es wirklich zum eigenen Leben passt."[31]

Statt auf die eigene Berufung durch Gott zu hören und ihr in Freiheit zu entsprechen, passen sie sich jeweils an das Bequemere und allgemein Übliche an und verlieren dabei das Eigene. Kurz: Wenn man nicht im Glauben an das ganz persönliche Berufensein durch Gott seine Mitte hat, wird es unmöglich oder sehr erschwert, eine eigene Identität zu gewinnen. Da aber, wo und wenn ich bereit bin, auf den rufenden Gott zu hören, erfahre ich mich als jemand, der ganz persönlich vor Gottes Antlitz steht, von ihm in Dienst genommen und zur Sendung beauftragt ist. Wenn das nicht eine starke Identität gibt!

Nach diesen Erörterungen stellt sich aber noch einmal und verstärkt die Frage, die schon am Anfang formuliert wurde: Wie kann man den Ruf Gottes erkennen, wie kann ich meine ganz persönliche Berufung erkennen? Gewiss, es mag sein, dass der eine oder die andere meint, in Stille und Gebet „Stimmen" und darin „so etwas wie Gott" zu vernehmen. Aber sind dies nicht doch in Wirklichkeit nur die Stimmen des eigenen Inneren, die eigenen Ideen, Gedankenblitze, Phantasien, Traumbilder? Wie also kann überhaupt vom Ruf Gottes sinnvoll die Rede sein? Wie ist er erkennbar?

---

31 ebd. 8.

5. Der Ruf „ins Eigene"

Aus dem bisher Erörterten ergibt sich schon eine erste grundlegende Antwort auf dieses Problem: Ich habe nicht nur einen persönlichen Ruf Gottes, sondern ich bin im Tiefsten ein solcher Ruf. Das ist die Ur-Situation und Ur-Vorgabe meines Seins, wie es mir von Gott her zukommt. Gott hat mich so gewollt, so gemacht, so geprägt oder prägen lassen, er hat mich an einen bestimmten gesellschaftlichen Ort gestellt und auf ein bestimmtes berufliches Tätigkeitsfeld verwiesen, auf dass er mich für etwas Spezifisches in seinem Heilsplan für die Welt brauchen kann. Deshalb habe ich zunächst einmal auf mich selbst, auf meine Begabungen und Fähigkeiten, meine Neigungen und Charismen, aber auch auf meine Grenzen und Defizite, kurz: auf die Gesamtheit meiner Bestimmungen und dazu noch auf die Gesamtheit der Bestimmungen meiner Zeit zu achten, auf dass ich mich selbst als Ruf Gottes in das Hier und Heute der Welt wahrnehmen kann. Der Ruf Gottes ist gewissermaßen hineingeschrieben in meine Lebensgeschichte, in den Bauplan und bisherigen Ablauf meiner Geschichte, die wiederum in die größere Weltgeschichte hinein vernetzt ist. Anders gesagt: Gottes Ruf ist in mein Herz geschrieben, wenn man unter Herz – gut biblisch – die versammelnde Mitte der Person versteht. Hier gelten in einem analogen Sinn die Verse von Dtn 30,11 ff.

„Die Weisung Gottes [darunter lässt sich sachlich auch die ganz persönliche Weisung Gottes an mich verstehen], auf die ich dich heute verpflichte, geht nicht über deine Kraft und ist nicht fern von dir. Sie ist nicht im Himmel, so dass du sagen müsstest: Wer steigt für uns in den Himmel hinauf, holt sie herunter und verkündet sie uns, damit wir sie halten können? Sie ist auch nicht jenseits des Meeres, so dass du sagen müsstest: Wer fährt für uns über das Meer, holt sie herüber und verkündet sie uns, damit wir sie halten können? Nein, das Wort ist ganz nah bei dir, es ist in deinem Mund und in deinem Herzen. Du kannst es halten."

So ist es auch mit dem Wort Gottes, das mir persönlich gilt. Der Ruf Gottes ist in mein innerstes Wesen und Dasein hineingeschrieben. Dort erfasse ich ihn – im Hören auf die Stimmen und Neigungen des eigenen Herzens und die Fähigkeiten des eigenen Ich. Gewiss, vordergründig betrachtet, bin zunächst einmal ich selbst es, der sich hört, wenn er in sich hineinlauscht und ihm dabei intuitiv und spontan oder auch reflexiv und begründet die eigenen Begabungen und Defizite, Sehnsüchte und Abneigungen, Lebensmöglichkeiten und -ziele aufgehen und einleuchten. Es ist das Ich, das sich zunächst einmal *selbst* vernimmt. Aber dieses Ich ist mehr als nur „es selbst" in seiner empirischen Vorfindlichkeit. Das Ich ist ja von seinem tiefsten Wesen her ein kristallisierter Ruf Gottes, dem Antwort zu geben ist. Mehr noch: Wenn das Ich in der Bereitschaft zum Hören und Antwortengeben wahrhaftig nach dem Ruf Gottes fragt und ihn zu vernehmen sucht, dann ist dieses „Ich" mehr als nur „es selbst", dann ist in ihm Gottes Heiliger Geist am Werk. Denn niemand besitzt die Bereitschaft zum gläubigen Hören und zur bereitwilligen Antwort von sich aus. Es sind die Macht des Wortes Gottes und die Gnade des Heiligen Geistes, welche dann im Menschen wirksam sind. Daraus folgt: Das „Ich", das sich in der Bereitschaft zum Hören und Antworten auf Gott hinwendet, ist immer schon „mehr" als nur ein menschliches Selbst. Es ist ein von Gott ergriffenes und erfülltes Ich, in dessen geistigen Vollzügen Gott selbst am Werk ist. Somit mag – vordergründig betrachtet – auch ich selbst es sein, der da im Nachdenken und schweigenden Innehalten bestimmte „Stimmen", Gedanken, Ideen und Zielvorstellungen in sich hervorbringt; in Wirklichkeit und tiefer gesehen ist es Gott, der in mir und durch mich hindurch seinen Ruf ergehen lässt.

Dieser Sachverhalt lässt sich noch folgendermaßen vertiefen. Es gibt ein theologisches Prinzip, welches lautet: Wenn Gott in seiner Schöpfung handelt, so handelt er nicht direkt und unmittelbar; wir sehen Gott nicht, wir hören ihn nicht, wir fühlen ihn nicht direkt und unmittelbar. Solange wir in der Zeit leben, ist uns unmittelbare Gotteserfahrung verwehrt. Wenn Gott in unserem Leben und in der Welt handelt, wirkt er durch so genannte „Zweitursachen". Das heißt: Er nimmt etwas Geschaffenes in seinen Dienst, indem er es befähigt, Instrument, Werkzeug, seines Wollens und Wirkens zu sein. Das gilt auch vom Sprechen Gottes. Gott spricht nicht direkt zu uns, sondern durch „Zweitursachen". Er spricht zu uns durch seine Schöpfung, er spricht zu uns durch besonders berufene Menschen. Zuletzt und endgültig hat er zu uns gesprochen durch seinen Sohn (Hebr 1,2). Dieses Sprechen, in dem Gott sich ganz ausgesagt hat, ist in seiner ursprünglichen Bezeugung in der Heiligen Schrift aufbewahrt, die deshalb in einem zugespitzten Sinn „Wort Gottes" ist. Weiter spricht Gott zu uns durch die kirchliche Gemeinschaft, in welcher sein Geist die Schrift je neu Leben werden lässt. Und Gott spricht durch die Ereignisse, die sich in Welt und Geschichte im Großen und Kleinen zutragen. Und nicht zuletzt spricht Gott durch mein Ich, durch Neigungen und Fähigkeiten, durch Einsicht, Vorstellungskraft und Phantasie. Von all dem gehen „Signale" aus, die freilich „verstanden", d. h. als Gottes Ruf für mich persönlich erkannt und anerkannt werden müssen. Ebendas geschieht durch die Stimme des eigenen Herzens, in dem Gottes Geist am Werk ist. So „ergibt sich" gleichsam Gottes Ruf aus einer Konvergenz zwischen Anruf und Ereignis „von außen" auf der einen sowie geisterfüllter Deutung „von innen" auf der andern Seite. Immer aber ist Gottes Ruf an mich durch eine geschöpfliche Wirklichkeit vermittelt. Darum ist die alternative Frage falsch: War dies oder jenes, was ich da zu hören glaubte, ein Ruf Gottes oder nur der inwendige Spruch des eigenen Herzens, vernünftige Einsicht, subjektives Gefühl oder gar das durch autoritäre Erziehung in mich hineingelegte und antrainierte Über-Ich? All diese Alternativen gelten nicht, wenn ich in Glaube und Hingabebereitschaft, d. h. im Heiligen Geist, vor Gott hintrete. Gott ruft gerade durch mein Ich und durch die Welt, kurz: durch die Gesamtheit meiner Bestimmungen. So lässt sich – beim jetzigen Stand unserer Überlegungen – die Frage: Wie vernehme ich Gottes Ruf?, kurz folgendermaßen beantworten: Gott ruft mich durch das Eigene (also durch das, was ich selbst bin, aber auch durch die Herausforderungen, Möglichkeiten und Chancen der Welt, in der ich stehe) ins Eigene, dahin also, wohin ich immer schon kraft meines Wesens und durch die Erfordernisse von Gesellschaft und Welt gedrängt werde. Das Axiom „Werde, der du bist!" bringt diesen Sachverhalt kurz und knapp zum Ausdruck.

6. Der Ruf „ins Andere"

An diese so „einfach", geradezu „elegant" erscheinende Lösung stellen sich aber gewaltige Fragen: Ist es eigentlich so eindeutig, was „mein Eigen", d. h. die Gesamtheit meiner Bestimmungen ist, durch die Gott mich ruft? Steckt in uns allen nicht wenigstens eine Ahnung und Sehnsucht danach, mehr zu sein und mehr zu wollen als was uns in unserer unmittelbaren Selbsterfahrung gegeben ist? Ein bekanntes Wort von Blaise Pascal lautet, dass „der Mensch den Menschen um ein Unendliches übersteigt". Gilt das nicht auch bezüglich meiner individuellen Bestimmung? Übersteigt nicht auch sie um ein Unendliches das, was mir jeweils von mir selbst aufgeht? Blitzt in uns nicht gelegentlich etwas auf „jenseits von dem, was uns gerade von der eigenen Wirklichkeit bewusst ist, [dass] viele ungelebte Hoffnungen da sind, brachliegendes und uns selbst unbekanntes Land, Möglichkeiten eines befreiteren und helleren

Menschseins!"[32] Ist es mithin so klar, dass etwa der Drang nach Eigentum, nach höchstmöglicher Selbstverfügung und nach engen partnerschaftlichen Beziehungen – jener Drang, der als menschliche Wesensbestimmung wohl in jedem steckt – *eo ipso* auch schon der Ruf Gottes ist, der dazu auffordert, mich auf seiner (des unmittelbaren Dranges) Linie in Privatleben, Gesellschaft und Beruf zu verwirklichen? Gibt es demgegenüber nicht auch den Ruf in Lebensformen, wie sie etwa in den Evangelischen Räten von Armut, Gehorsam und Ehelosigkeit um des Reiches Gottes willen zusammengefasst sind, die völlig anders liegen und die zu dem, was mir „zu eigen" zu sein scheint, zunächst einmal querliegen, es durchkreuzen? Und liegt ein solcher Ruf nicht auch deswegen nahe, weil jeder Ruf in die Nachfolge Jesu einweisen und dazu führen will, dass Christus auf ganz persönliche und einmalige Weise in mir – wie Paulus sagt – Gestalt annimmt (vgl. Gal 4,19). Jesus Christus ist aber nicht immer und auf jeden Fall in der Verlängerung dessen zu suchen, was ich immer schon bin und „mein Eigen" erfahre? Denn er selbst ist nicht einfach die harmonische Erfüllung des Menschseins, zumindest nicht wie es sich vordergründiger Erfahrung darstellt. Als Pilatus sein „Ecce homo" sprach und dabei auf den wies, an dem keine menschliche „Gestalt und Schönheit" mehr war, drückte er geradezu prophetisch, freilich ohne es zu wissen, die Absage an ein theologisches Konzept aus, für das Christus nur die Aufgipfelung einer „harmonischen Humanität" ist. Er selbst lässt sich sein eigenes Wollen und Wünschen, seine eigene Einsicht und Voraussicht ständig durchkreuzen durch den Willen des Vaters, dem er auch dann gehorcht, wo er ihn nicht mehr begreift. Aber dennoch: „Nicht wie ich will, sondern wie Du willst!"

---

32 H. Schaller, Wie finde ich meinen Weg?, Mainz 1986, 31.

Wer sich in neuerer Theologie und Theologiegeschichte auskennt, wird schon bemerkt haben, dass im vorangehenden Abschnitt kritische Anfragen aufgegriffen sind, die vor fünf Jahrzehnten der große Schweizer Theologe Hans Urs von Balthasar an Karl Rahner gerichtet hat. Kein Wunder, denn unsere Anfangsthese, dass Gottes Ruf mich ins Eigene ruft und gerade darin erkannt wird, dass ich mich selbst in meinem „Eigenen" wahrnehme, war an Karl Rahner orientiert und muss sich deshalb den gleichen kritischen Anfragen stellen, wie sie Rahner von Seiten von Balthasars erfahren hat.

Für von Balthasar jedenfalls (ebenso wie für seinen großen Lehrer Erich Przywara) ist Gottes Ruf an mich nicht so sehr der „Ruf ins Eigene", sondern vor allem der „Ruf ins Andere", ins Fremde und Befremdliche hinein.[33] Es ist der Ruf, gerade das Eigene hinter sich zu lassen und dem gekreuzigten Jesus zu folgen. Gottes Ruf führt – wie es im Johannesevangelium heißt – „dahin, wohin du nicht willst" (Joh 21,18), nämlich ans Kreuz. Aber – paradoxerweise – findet gerade in der Aufgabe des Eigenen und in der radikalen Hingabe an den verfügenden Willen Gottes der Mensch seine eigentliche Vollendung. Denn wo dies geschieht, gilt die Zusage Gottes, dass aus dem Kreuz die Auferstehung, aus der Hingabe die endgültige Gabe, aus dem Tod das wahre Leben erwächst.

Diese theologisch anders geartete Konzeption von Balthasars[34] hat für die Frage nach dem Ruf prinzipielle Konsequenzen. Denn hieraus ergibt sich, dass ich, um den Ruf Gottes zu vernehmen, nicht nur auf mich und meine Umwelt blicken

---

33 Vgl. dazu M. Schneider, „Unterscheidung der Geister". Die Ignatianischen Exerzitien in der Deutung von E. Przywara, K. Rahner und G. Fessard, Innsbruck-Wien 1983, 26 ff, 79 ff.

34 Siehe dazu z. B. M. Scheuer, Die Evangelischen Räte. Strukturprinzip systematischer Theologie bei H. U. v. Balthasar, K. Rahner, J. B. Metz und in der Theologie der Befreiung, Würzburg ²1992, 117 ff.

darf, sondern mich intensiv mit Jesus Christus zu konfrontieren habe und mit dem Nachfolgeruf seines Evangeliums, der mir je persönlich gilt und der durch nichts anderes ableitbar oder verstehbar ist als durch die Tatsache, dass er mich ins Herz trifft: „Du, folge mir nach! So und nicht anders!" Der Blick auf die eigenen Fähigkeiten und Neigungen, die Einschätzung des eigenen Könnens und der eigenen Defizite gilt dabei wenig. Denn Gottes Ruf ist wirksamer Ruf. Er schenkt das, wozu er auffordert. Nicht die Beurteilung meiner Fähigkeit und Grenzen hat das letzte Wort, sondern der Blick auf die Möglichkeiten, die Gottes Ruf mir allererst schenkt. Aus ihm selbst erwachsen Fähigkeiten, ihm Folge leisten zu können.

Mit dieser unterschiedlichen Sicht von Balthasars hängt eine weitere Kontroverse zwischen ihm und Rahner zusammen: Zwar gibt es auch für von Balthasar eine Berufung jedes Christen, nämlich die Berufung zum Christsein, zum Leben aus Glaube, Hoffnung und Liebe, die Berufung, aus der Welt des Bösen herauszugehen und sich zum Volk Gottes formen zu lassen. Und dafür hat jeder von Gott seinen besonderen Ort und seine spezifische Beauftragung zu erfragen. Aber abgesehen von dieser allgemeinen christlichen Berufung will von Balthasar nicht von einer besonderen Berufung ausnahmslos jedes Einzelnen sprechen, sondern nur bestimmter Einzelner. So gibt es für ihn nicht – wie bei Rahner[35] – einen Ruf Gottes zum ehelichen Leben, genauso wenig wie es einen Ruf gibt, Besitz anzusammeln oder einen größtmöglichen Grad von Selbstverfügungsmöglichkeiten zu erreichen oder ein moderates bürgerliches Christentum zu leben. Für von Balthasar gibt es nur jenen Ruf, der quer steht zu den Selbstverständlichkeiten und Plausibilitäten, die Gewohnheit und Mode, gesellschaftliche Trends und Medienmacht uns vorgaukeln. Es gibt

---

35 Vgl. dazu Scheuer 219 f.

nur einen Ruf zur besonderen Hingabe des Eigenen und zu einem „wortwörtlichen" Leben nach dem Evangelium. Mit dieser ärgerlich klingenden Konzeption hat von Balthasar zunächst einmal die Heilige Schrift hinter sich. Für die Bibel gehört es geradezu zum Wesen besonderer Berufung, dass sie herausruft aus dem, was für alle gilt, und dass sie quer zu dem steht, was allgemeingültig, normal und alltäglich ist. „Zieh heraus aus deinem Land, aus deinem Vaterhaus." „Verkauf, was du hast, und gib es den Armen!" „Wer nicht alles verlässt, kann mein Jünger nicht sein." Diese und viele ähnliche Berufungsworte gelten nicht allen, sondern dem, welchem sie unverfügbar zugesprochen werden. Doch deshalb ist solch ein Ruf nicht etwa schon elitär; er ermächtigt nicht zu einem privilegierten Sonderstatus. Im Gegenteil! Solche Berufung führt immer in den je geringen, unrentablen, oft törichten und von den anderen verspotteten Dienst. Sie führt zu größerer Verdemütigung.

Und noch einmal: Ein solcher Ruf ist einzig und allein daran erkennbar, dass er an mich ergeht, dass ich ihm nicht ausweichen kann, sondern weiß: Ich bin jetzt gemeint, ich darf nicht kneifen, ich muss folgen, ich darf jetzt nicht den entscheidenden Kairos meines Lebens verpassen. Letztlich hat ein solcher Ruf keine andere Erkennbarkeit als die, welche Jeremia im Auge hat, da er zu Gott ruft: „Du hast mich betört, Herr, und ich ließ mich betören" (Jer 20). Der besondere Ruf im Sinne der Schrift ist – wie von Balthasar es versteht – der unverfügbare „Ruf ins Andere"; er kann vom Berufenen gewissermaßen nur „positivistisch", d. h. in seiner ganzen sperrigen Befremdlichkeit entgegengenommen werden.

Es würde nun zu weit führen, auf die gerade angedeuteten kontroversen Positionen Rahners und von Balthasars näher einzugehen. Es sei hier nur in Form einer verkürzten These behauptet: Beide Positionen gehören zwar mit unterschiedlicher Akzentuierung, so doch unauflösbar zusammen und sind unzertrennbar einander zugeordnet: Der „Ruf ins Eigene" ist nur dann christlich konsistent – und das gibt Rahner auch deutlich zu erkennen –, wenn das, was ich von meinem „Eigenen" erfahre, durch Christus und seinen Nachfolgeruf konkretisiert, ja, in manchem auch „umgebrochen" wird; und der „Ruf ins Andere" – im Sinne von Balthasars – ist nur dann keine irrationale Selbstzerstörung, kein Masochismus, wenn er sich einer Verheißung anvertrauen darf, die ihm tiefste Erfüllung des Menschseins zusagt. Und weiter: Rahner ist recht zu geben, wenn er darauf insistiert, dass jeder Einzelne seine christliche Berufung auf spezifische Weise realisiert, so dass jeder tatsächlich eine ganz persönliche Berufung hat; aber von Balthasar ist recht zu geben, dass erst dann von einer *besonderen* Berufung zu sprechen ist, wenn sie über die selbstverständlichen, immanent alltäglichen, humanen Lebensmöglichkeiten hinausführt in die größere Nähe zu Person und Werk Jesu Christi.

Daraus ergibt sich für die Frage nach der Erkennbarkeit des Rufes, dass es auf Grund der Verschränkung beider Ansätze nicht ausreicht, zur Erfassung des eigenen Rufes nur – wie wir anfangs sagten – auf das je Eigene, auf die eigenen Charismen, Neigungen und inneren Wünsche zu blicken, sondern dass unaufgebbar dazukommen muss das vorbehaltlose Sich-Konfrontieren mit Jesus Christus, die persönliche Begegnung mit ihm in Wort und Sakrament sowie im notleidenden Bruder und in der notleidenden Schwester.[36] Jesus Christus hat – wie Paulus sagt – „mich geliebt und sich für mich hingegeben" (Gal 2,20). Und so hat er auch für mich einen persönlichen Weg der Nachfolge vorgesehen, welchen ich dann erfahren kann, wenn ich auf ihn blicke und auf ihn höre.

---

36 Zum Letzteren siehe besonders G. v. Lengerke, Die Begegnung mit Christus im Armen, Würzburg 2007.

Damit haben wir eine doppelte Antwort auf die Frage nach der Erkennbarkeit des Rufes gefunden. Erstens: Nimm dich wahr, wie du bist und wer du bist, und lass dir sagen: dein Wesen mit all seinen Fähigkeiten und Grenzen sowie dein Verwobensein in eine bestimmte geschichtliche Situation, kurz: die Gesamtheit deiner Bestimmungen ist die Grundlage, gewissermaßen die bleibende Vorgabe des Rufes Gottes, der dich dein Leben lang trifft und betrifft. Und zweitens: Höre auf das Evangelium, stelle dich der Person Christi. Und wo du betroffen bist, da frage dich, ob du nicht persönlich gemeint bist, ob du nicht in tiefem Frieden, innerem Trost und erfahrbarer Stimmigkeit stehst, wenn du darangehst, diesen Ruf anzunehmen, ihn dir zu eigen zu machen und darauf zu antworten.

7. „Gebet der Aufmerksamkeit"

Das Hören auf den Ruf setzt ein ständiges Nachfragen und Nachsinnen nach dem voraus, was Gott mir hier und heute zu sagen hat. Es hat seinen Platz im Gebet. Diese Art des betenden Fragens und Nachdenkens vor Gott wird heute oft das „Gebet der Verantwortung" oder auch das „Gebet der (liebenden) Aufmerksamkeit" genannt.[37] Es handelt sich um ein kurzes, ruhiges Einhalten, am besten zu Beginn der zweiten Tageshälfte, um im Rückblick auf den bisher abgelaufenen Tag und im Vorblick auf das, was noch kommt, „ganz Ohr" zu werden für den Anruf Gottes. Wer diese Art zu beten beginnt, wird anfangs eher erfahren, wie oberflächlich man den Alltag durchlebt, wie man Zeichen übersieht und Anregungen überhört. Mit der Zeit aber wird man sensibler für die Stimme Got-

---

37 Siehe dazu W. Lambert, Die wichtigste Viertelstunde des Ignatius, in: Korrespondenz zur Spiritualität der Exerzitien 28 (1978) 35–45.

tes hinter den Ereignissen. Man erkennt sozusagen mehr und mehr seine Handschrift in den zunächst rätselhaft erscheinenden Hieroglyphen des Tagesablaufs. Darum ist die Praxis eines solchen „Gebetes der Aufmerksamkeit" für alle, die ein bewusstes geistliches Leben führen wollen, nachdrücklich anzuraten. Es geht darum – wie Paulus sagt –, „die Stunde auszukaufen" (Eph 5,15). Denn in jeder kann sich für den Glaubenden ein Anruf Gottes verbergen „wie die Perle in der Muschel" (Heinrich Spaemann).

Über das tägliche kurze „Gebet der liebenden Aufmerksamkeit" hinaus sind für die Praxis des Hörens wenigstens gelegentlich auch längere Gebetszeiten unabdingbar. Es ist die schweigende Kontemplation, welche die verschiedenen „Signale" des Alltags sammelt. Dies ist ja auch der Wortsinn von Kontemplation: zusammen-sehen, sammeln. Das Hören vor Gott, zumal vor einer Neuorientierung des eigenen Lebens oder vor einer wichtigen Entscheidung, die man für sich oder andere zu treffen hat, vollzieht sich in der „sammelnden" Stille. In der Offenbarung des Johannes steht der Satz: „Siehe, ich stehe vor der Tür und klopfe an. Wenn einer meine Stimme hört und mir auftut, so will ich Mahl mit ihm halten und er mit mir" (3,20). Im Anschluss an diesen Vers kommentiert Heinrich Spaemann:

„In der Innerlichkeit des Schweigens, wenn das Hören zum Lauschen wird, wird dieses Klopfen gehört, diese Stimme vernommen. Das Licht kommt zu denen, die Dunkel erfahren, das erweckende Wort zu denen, die selber nicht mehr das Wort haben. Dazu aber muss das Schweigen tief genug gehen und ausdauernd genug sein."[38]

---

38 H. Spaemann, Christliche Konsequenzen, in: Christ in der Gegenwart 31 (1979) 352.

8. Erfahrungen und Kriterien des Rufes

Wenn man so das Schweigen vor Gott sucht in der Bereitschaft, seinen Ruf zu hören und das eigene Leben mit seinen Fragen und Problemen vor ihm auszubreiten, so treten in der Regel Stimmen auf, man „kommt auf etwas", Gedanken und Neigungen stellen sich ein. Aber – und hier liegt nun die große Schwierigkeit – es sind Stimmen, nicht nur eine Stimme, es ist oft ein ganzes Gewühl von Ideen, Vorstellungen und Gedankenblitzen.

Damit stellt sich die Frage: Wo ist Gottes Stimme unter den vielen, vielen Stimmen und Gegenstimmen? Was nützt mir die Glaubensüberzeugung, dass Gott in mir und durch mich spricht und mir sein Evangelium ins Herz legt, wenn sich auch ganz andere Faktoren in mir Gehör verschaffen: Da sind auch die Stimmen meines Egoismus und meiner unbeherrschten Triebhaftigkeit, da sind die verinnerlichten Stimmen von Autoritäten und gesellschaftlichen Plausibilitäten, da sind die Reflexe meiner Umgebung so gut wie Phantasie- und Gefühlsvorstellungen aller Art, die von meinen jeweiligen Stimmungen und Launen abhängig sind. Wo spricht in all dem Gott, wo ist sein Ruf fassbar?

Die Erfahrung der Vielfalt und Widersprüchlichkeit der Stimmen sowie des damit gegebenen inneren Hin- und Hergerissenseins vor Entscheidungen ist überall gegeben, wo ein Mensch bewusst auf Gott hören will. Aber diese Vielstimmigkeit und Vieldeutigkeit der Stimmen war auch von alters her ein Anlass, Kriterien, Maßstäbe, Regeln zu suchen und zu finden, um den unverwechselbaren Klang der Stimme Gottes aus dem Lärm all dessen, was nicht von Gott ist, herauszuhören. Gott wäre nicht Gott und sein Ruf an uns nicht ernst gemeint, wenn er sich nicht von jedem anderen unterscheiden ließe.

Dieser Unterscheidungsvorgang heißt in traditioneller Sprache „Unterscheidung der Geister" oder heute meist „Geistliche Unterscheidung",[39] die sich an Kriterien („Regeln zur geistlichen Unterscheidung) orientiert, die aus jahrtausendlanger Erfahrung hervorgegangen sind. Es geht darum, mit ihrer Hilfe zu erkennen, wo Gottes Geist (Gottes Ruf) unter den vielen „Geistern" (Stimmen) ist oder wo nur die Stimme böser Neigungen und Trägheit, des eintrainierten Über-Ichs oder gesellschaftlicher Moden und Plausibilitäten oder gar eine überreizte Phantasie sich zu Wort melden.

Von diesen zahlreichen Regeln sei im Folgenden nur eine einzige angeführt. Schon in der Heiligen Schrift gehört zu den erfahrbaren Merkmalen und Kriterien des Heiligen Geistes, dass er Einheit und Eintracht, Freude und Frieden schafft, und zwar nicht nur unter den verschiedenen Menschen, sondern auch im eigenen Herzen, dass er also das eigene Selbst zur Übereinstimmung mit sich, zu innerer Harmonie, Identität und Frieden bringt.

Dieser Sachverhalt ist der Hintergrund einer Unterscheidungsregel, die sich in der ganzen spirituellen Tradition der Kirche, besonders aber in der ignatianischen Spiritualität, findet. Bei Ignatius spricht man von der so genannten Trostregel. Sie lautet:

„Es ist Gott und seinen Engeln eigen, in ihren Regungen wahre Fröhlichkeit und geistliche Freude zu geben, indem sie alle Traurigkeit und Verwirrung, die der Feind herbeiführt, entfernen. Und diesem ist es eigen, gegen die Fröhlichkeit und geistliche Tröstung zu streiten, indem er Scheingründe, Spitzfindigkeiten und ständige Trugschlüsse anwendet."[40]

---

39 Wichtige Literatur zur „Unterscheidung der Geister" findet sich zusammengestellt bei C. Roth, Discretio spirituum. Kriterien geistlicher Unterscheidung bei Johannes Gerson (SSSTh 33), Würzburg 2001, 30–60.
40 Ignatius v. Loyola, Geistliche Übungen, Übertragung und Erklärung von A. Haas, Freiburg i. Br. 1966, 108, Nr. 329.

Das heißt: Wo mir im Vernehmen meiner Fähigkeiten und der Nöte der Zeit sowie im Blick auf Jesus Christus ein Anruf, eine Perspektive, ein zündender Gedanke, ein neues Ziel aufgeht und gleichzeitig in mir Trost, d. h. innere Freude, innere Übereinstimmung, innerer Friede oder kurz: innere „Stimmigkeit", erweckt wird, da darf ich annehmen: Das ist keine Selbsttäuschung, sondern hier ist Gottes Ruf am Werk.

Gewiss muss man mit dieser Trostregel, die Ignatius schon in eine Vielzahl differenzierter weiterer Regeln aufschlüsselt, behutsam umgehen. Gottes Ruf ist so, dass ich *im Letzten und Tiefsten* auch erfahre und erfasse, dass es gut, recht und schön ist, ihm zu folgen. Es kann aber durchaus so sein, dass mich ein Anruf Gottes zunächst einmal beunruhigt und in Angst, Schrecken und Panik statt in Trost, Freude und Frieden versetzt, dass er also aufregt und aufscheucht oder bedrückt und ratlos macht. Gott will ja mit seinem Ruf den Menschen in Bewegung setzen. Da dieser sich aber oft ganz schön eingerichtet und bei sich selbst abgesichert hat, kann der Ruf sich nicht selten zunächst einmal als sehr unpassend und störend erweisen. Doch wenn ein inneres Drängen und Suchen sich *über längere Zeit* als etwas erweist, das wahre Freude und tiefen Frieden, kurz: Trost schenkt, ist damit ein deutlicher Hinweis gegeben, dass hierin wirklich Gottes Ruf an mich ergeht.

Noch ein Weiteres gehört zum Kriterium des Trostes: Gott will den Menschen mit seinem Ruf zur Lebensganzheit führen. Darum ist auch ein innerer Antrieb, der zu einem bestimmten Verhalten oder einer konkreten Lebensgestalt auffordert, nicht einfach daran zu messen, ob er hier und jetzt Freude und Frieden bringt, sondern ob sich das intendierte Verhalten oder Tun in das Ganze des Lebens freud- und friedvoll integrieren lässt. Ignatius von Loyola gibt darum den Rat, vor einer wichtigen Entscheidung sich selbst gleichsam in seiner Todesstunde vorzustellen und zu fragen, welche Entscheidung man aus dieser Sicht getroffen haben möchte. „Gleich als wäre ich in der Todesstunde, erwäge ich die Form und das Maß, die ich dann bei der Art und Weise der gegenwärtigen Wahl eingehalten zu haben wünschte; und danach richte ich mich jetzt und treffe im ganzen meine Entscheidung."[41] Mag diese Vorstellungsweise sich auch einem Lebensgefühl verdanken, das uns vielleicht fremd geworden ist, so ist im Grunde damit doch etwas ausgesprochen Tiefsinniges zum Ausdruck gebracht, das Karl Rahner zu Recht von der Philosophie Martin Heideggers her vertieft hat. Denn nach Heidegger erfasst der Mensch sich dann als Ganzes, wenn er sich als „Sein zum Tode" wahrnimmt, wenn er sozusagen im Angesicht der ganzen Lebensstrecke, die erst mit dem Tod endet, lebt. Deshalb heißt nach dem Ganzen des Lebens fragen sich mit dem Tod konfrontieren. Und ebendeshalb hat auch die Frage des Menschen nach seinem lebensbestimmenden Ruf es wesentlich mit dem Tod zu tun. Da, wo jemand sich den Tod vor Augen hält, wird er aus dem Glanz und Elend des jetzigen, schnell vergehenden Augenblicks und der jetzigen, bald vergehenden Situation herausgerissen und mit dem Ganzen seines Lebens, das da im Tod versammelt ist, konfrontiert. Wichtige Lebensentscheidungen sind darum angesichts dieses Ganzen und nicht aus der Stimmung eines schnelllebigen Augenblicks oder einer bald sich ablösenden Situation zu treffen. Wie schnell kann jemand sich hier und heute von einem Wert faszinieren, trösten, froh machen lassen, von einem Wert, der sich vielleicht bald als sehr vorläufig, als sehr relativ, ja als Talmi, als wertloses Falschgeld erweist. Der Blick auf den Tod soll – wie Hans Schaller sagt – sicherstellen,

---

41 ebd. 66, Nr. 186.

„dass wir auch am Ende noch zu dem stehen können, was wir jetzt in unseren Entscheidungen einfädeln; dass uns am Schluss unseres Lebens mehr bleibt als der bedrückende Schmerz, nicht das aus unserem Leben gemacht zu haben, was wir mit Gottes Hilfe hätten tun können. Solche späte Reue soll, soweit das möglich ist, verhindert werden, damit wir in der Stunde des Todes ‚voller Freude' [wie Ignatius sagt] zu dem ja sagen können, was wir geworden sind. Ohne Trauer und ohne Gram! Dass derjenige, der wir dann geworden sind, nicht ewig traurig den grüßen muss, der wir hätten werden sollen. ... Der Blick auf das Ende lässt das hervortreten, was bleibt; und er macht uns auch klar, was dann herauskommt, wenn wir uns um die positiven Entscheidungen drücken."[42]

Außer dieser „Trostregel" gibt es noch eine Reihe anderer Kriterien,[43] die uns hier nicht weiter beschäftigen sollen. Doch eine Ergänzung ist unabdingbar. Besonders dann, wenn man den Eindruck gewinnt, dass Gottes Ruf mich zu Ungewöhnlichem antreibt, ist es unumgänglich nötig, den Ruf, den man zu erkennen glaubt, und den eigenen Weg, den man einzuschlagen beabsichtigt, dem Urteil anderer auszusetzen. Wenn man nicht bereit ist, andere um Rat zu fragen und sich gegebenenfalls mit deren (Gegen-)Einstellung ehrlich und ernsthaft auseinanderzusetzen, ist dies fast immer ein Zeichen dafür, dass es sich bei dem vermeintlichen Ruf nur um eigene Stimmungen, Strebungen und Wünsche handelt, die man gerne unkritisch und ohne Widerspruch von Seiten anderer mit dem Ruf Gottes identifizieren möchte. Wie leicht ist es möglich, sich etwas vorzumachen und sich einzureden: Dies oder jenes will Gott oder will Gott nicht; dies oder jenes ist vor Gott schon so in Ordnung. Und weil man im Tiefsten ahnt oder weiß, dass das Betreffende nicht dem Willen Gottes und seinem Ruf entspricht, redet man mit niemandem darüber; man betrügt sich

---

42 Schaller, a. a. O. 100 f.
43 Siehe dazu z. B. G. Greshake, Gottes Willen tun. Gehorsam und geistliche Unterscheidung, Freiburg i. Br. 1984, 66–85.

lieber selbst. Dagegen ist die Bereitschaft, einen vermeintlichen Ruf dem Urteil anderer auszusetzen, die Probe aufs Exempel dafür, dass man den Ruf nicht mit seinen eigenen selbstischen Wünschen und Antrieben verwechseln will, sondern wirklich das „Gegenüber Gottes" sucht, das sich gleichsam im Gegenüber eines geistbegabten Mitchristen zeigt. Weil derjenige, den man um Rat fragt, den gleichen Geist Gottes besitzt, wie ich ihn zu haben hoffe, kann ich aus der Korrespondenz von Selbsterkenntnis und Rat ermessen, ob es sich wirklich um einen Ruf Gottes an mich handelt. Deshalb sind Rat, Empfehlung, Warnung und Urteil anderer Christen ein Mittel, aus dem Kreisen um sich selbst und aus möglicher Selbsttäuschung herauszukommen. Nach einem schönen Wort von Dietrich Bonhoeffer ist es „Christus im Bruder", der oft mehr erkennt und deutlicher unterscheidet „als Christus im eigenen Herzen".

Von hier aus gesehen aber wird auch deutlich, dass die Frage nach dem eigenen Ruf Gottes nicht eine Frage ist, die sich allein im stillen Herzenskämmerlein abspielt. Vielmehr hat sie ihren Ort in der Kirche als Gemeinschaft von Berufenen, die sich gegenseitig helfen, den eigenen Ruf zu entdecken. Und vielleicht ist nicht zuletzt dies ein bedenkliches Zeichen der Krise unseres Christseins heute, dass Kirche sich so wenig als Berufungsgemeinschaft versteht bzw. dass sie als solche kaum erfahrbar wird.

Eine kleine Mönchsgeschichte, deren Herkunft mir entfallen ist, kann unsere Überlegungen zum Thema Berufung abrunden: Ein junger Mann, der auf dem Weg nach Saloniki war, traf einen Mönch und fragte ihn, wo der rechte Weg herführe und wie weit es noch sei. Der Mönch antwortete ihm: Geh nur! Der junge Mann aber sagte: Aber wohin denn? Ich habe dich doch gefragt, wo der Weg herführt und wie lange es noch dauert. Da sagte der Mönch: Du musst gehen, du musst einige Schritte tun, du musst wenigstens einen Schritt tun, damit ich sehe, wie du gehst, um dir daraufhin den für dich richtigen Weg zu zeigen und seine Länge anzusagen. Wie erkenne ich also den Ruf Gottes? Es gehört nicht zuletzt dazu, dass ich einen Schritt tue, damit ich selbst erfahre und andere mir darin beistehen können, ob dieser Weg der rechte ist.

Der große jüdische Philosoph Moses Mendelsohn hat einmal das Wort formuliert: „Auf dem dunklen Pfad, auf dem ein Mensch hier auf Erden gehen muss, gibt es gerade so viel Licht, wie er braucht, um den nächsten Schritt zu tun. Mehr würde ihn nur blenden."[44] Es geht also um den nächsten Schritt, um einen Schritt auf den Ruf hin. Diesem ersten Schritt gilt dann auch die Verheißung: „Der Mensch wird des Weges geführt, den er mit ganzer Seele wählt."[45]

Da, wo ein Mensch auf Gottes Ruf hört, weiß er sich an einen bestimmten Ort in Welt und Gesellschaft, in eine bestimmte berufliche Tätigkeit, eine bestimmte Partnerschaft, eine bestimmte Lebensform gewiesen. Hier soll er seinen Lebensauftrag verwirklichen, gemeinschaftsfähig zu werden, sich für Einheit, Frieden und Versöhnung einzusetzen und Ferment der Einheit zu sein. Wie immer dabei im Einzelnen aber seine konkrete Situation auch aussieht: Sie ist gekennzeichnet durch eine Spannung von Alltag und Fest, von beruflichem Eingespanntsein und Freizeit, von Routine und besonderem Ereignis („event"). Dabei geben gerade die ersten Glieder der Spannungspole: Alltag, berufliches Eingespanntsein, Routine, be-

---

44 zit. nach Schaller, a. a. O. 128.
45 J. Bours, Der Mensch wird des Weges geführt, den er wählt, Freiburg i. Br. 1986, 11. Nach einer „talmudischen Paradoxie", mitgeteilt von Schalom Ben Chorin, in: Mein Judentum, hrg. v. H.-J. Schultz, Stuttgart 1978, 206.

sondere geistliche Probleme auf. Gottes Ruf – so möchte man spontan meinen – beruft zu etwas „Besonderem", sprengt das „Gewöhnliche", reißt neue Horizonte auf. Wie kann er da etwas mit dem alltäglichen „Trott" zu tun haben? Diese Frage führt uns zu einem neuen Thema: Alltag.

Drittes Kapitel
Alltag und Fest

1. Vieldeutiges „Nazaret"

Die biblischen Haftpunkte für theologische und spirituelle Aussagen über den Alltag bilden die knappen Aussagen des Lukas-Evangeliums (Lk 2,39–40; 51–52) über den Aufenthalt Jesu in Nazaret. In der Vergangenheit wurde dieser Name des Heimatortes Jesu oft verbunden mit der Formulierung „das *verborgene* Leben in Nazaret", das Jesus nach Auskunft des Evangelisten lange Jahre, bevor er öffentlich auftrat, geführt hat. Doch ist dies eine Verkürzung. Denn es finden sich in der „verborgenen" Nazaret-Zeit – jedenfalls nach lukanischer Darstellung – auch Elemente von Öffentlichkeit („Der Zwölfjährige im Tempel": Lk 2,41 ff), so wie umgekehrt das so genannte öffentliche Leben Jesu auch ganz wesentliche Elemente der Verborgenheit enthält: Aufenthalt in der Wüste, Rückzug in die Einsamkeit (Mk 1,35; Joh 5,15), Wirken im Verborgenen (Joh 7,4 f), Sich-Verbergen (Joh 7,10; 8,59; 11,54), auch wenn beides unterschiedliche Schwerpunkte aufweist. Dennoch würde man unter der einzigen Perspektive „Verborgenheit" das spirituelle Gewicht von „Nazaret" verkürzen.

Andere Konsequenzen zog der selige Bruder Karl (Charles de Foucauld) aus der Nazaret-Zeit Jesu: Für ihn ist Nazaret eine Chiffre für die demütig-kontemplative *Präsenz* Jesu unter den Menschen. Dieses Da-Sein des Gottessohnes unter uns suchte Bruder Karl – gemäß den unterschiedlichen Etappen seines Lebens – auf verschiedene Weise, aber immer radikal nachzuahmen.[46] Eine nochmals andere Bedeutung nahm Nazaret bei Pierre Gauthier an, einem französischen Priester, der aus der „Chiffre" Nazaret kurz vor dem Zweiten Vatikanischen Konzil die Herausforderung zur *Solidarität mit den Armen* vernahm. Er schreibt: Bevor Jesus das Wort sprach: „Kommt alle zu mir, die ihr mühselig und beladen seid …", hat er „in Nazaret mit dem kleinen Volk leben und leiden, im Dienst unangenehmer Auftraggeber arbeiten wollen. … Bevor Christus die zu sich rief, die ihre Last zu Boden drückt, hat er das demütigende, harte und mühselige Schicksal des menschlichen Daseins teilen wollen."[47] „Arm mit den Armen leben, sich schinden mit den Arbeitern, das Los derer teilen, welche die gute Gesellschaft ablehnt, das hat Jesus getan."[48] Diese Sicht von Nazaret hatte gewaltige Auswirkungen auf das Zweite Vatikanische Konzil, da sich auf der Grundlage einer kleinen Programmschrift Gauthiers regelmäßig eine Gruppe von Konzilsteilnehmern mit dem Namen „Kirche der Armen" traf, um dieses Thema auf dem Konzil präsent zu halten.[49]

---

46 Siehe dazu G. Greshake, Die Spiritualität von Nazaret, in: IkZ 33 (2004) 20 ff.
47 P. Gauthier, Diese meine Hände … Tagebuch aus Nazareth, dt. Graz u. a. 1965, 35.
48 a.a.O. 60. – In diesem Zusammenhang macht Gauthier darauf aufmerksam, dass Jesus nicht nur der „Sohn des Zimmermanns" war, der mit seinem Vater zusammen gearbeitet hat, sondern dass er nach Mk 6,3 „der Zimmermann" *ist, der als solcher* seine Mission ausübt. Vgl. a.a.O. 74, 85.
49 Näheres dazu bei Greshake, a.a.O.

All diese Varianten einer Nazaret-Spiritualität sind gewiss zutreffend, richtig und wichtig. Doch dürfte die eigentliche „Pointe" der lukanischen Nazaret-Notizen auf das, was heute Alltag heißt, gerichtet sein.

2. Der Alltag von Nazaret

Nazaret ist ein ansonsten nirgendwo erwähnter, völlig unbedeutender Flecken am Rande der Welt. „Kann denn von Nazaret etwas Gutes kommen?" (Joh 1,46). Dazu lag dieses „Kaff" noch in der Provinz Galiläa, die im Vergleich zu den umgebenden hellenistischen Stadtrepubliken der Dekapolis im Osten und den Mittelmeerkapitalen im Westen völlig unterentwickelt war. An diesem durch und durch insignifikanten Ort und in dieser absolut randständigen Gegend wuchs Jesus auf – im Gehorsam gegenüber den Eltern (Lk 2, 51), aber wohl nicht nur ihnen gegenüber, sondern durch sie und mit ihnen auch gegenüber den Sitten und Gewohnheiten, Zwängen und Üblichkeiten seiner Umgebung. Ganz eingebettet in diese kleine Welt, in der jeder jeden kennt (vgl. Joh 6,42; Mt 13,55f), gibt es dreißig Jahre lang von Jesus nicht mehr zu sagen, als dass er sich ununterscheidbar hineinnehmen ließ in dieses meist gleichförmig-unsensationell verlaufende Leben. Offenbar gab es, sieht man von der Pilgerfahrt des Zwölfjährigen nach Jerusalem ab (von der noch die Rede sein wird), nichts Seriöses zu berichten entgegen allen Versuchen späterer apokrypher christlicher Schriften, dieser Zeit in Nazaret doch noch etwas „Besonderes" abzuringen.

Wir nennen heute eine solche Weise des Lebens *Alltag*. Alltag nämlich ist
– ein Leben, das sich den Üblichkeiten und Gewohnheiten anpasst,

– ein Leben in täglichem, monatlichem, jährlichem „Trott", d. h. in unentrinnbarer Routine[50] ohne Besonderheiten oder neue Perspektiven,
– ein Leben, das in seiner selbstverständlichen Vorgegebenheit nicht selten in einem lang-weiligen, bedeutungslosen, leeren Einerlei abläuft.

Ebendies ist wohl auch das innerste Geheimnis von Nazaret: Gottes Sohn hat dreißig Jahre lang menschlichen Alltag gelebt. Emphatisch gesagt, hatte Gottes menschgewordener Sohn dreißig Jahre lang „nichts Besseres zu tun", als ein Leben banalster Alltäglichkeit zu führen, über das es nichts Berichtenswertes zu sagen gibt. Ist dies gegenüber der Botschaft des Philipperbrief-Hymnus über die radikale Kenosis (Erniedrigung) des „Gottgleichen" (Phil 2,6 ff) nicht nochmals eine Steigerung? Denn wenn nach den Aussagen dieses Hymnus der Allerhöchste zum Allergeringsten am Kreuz wird, so lässt sich diese Selbstentäußerung immer noch als etwas ganz „Besonderes" verstehen. So wie es ein verbreitetes Märchenthema tut, wonach ein Königssohn zum Bettler wird, um ein armes Mädchen von Gleich zu Gleich zu lieben; das Märchen will Erstaunen und Bewunderung hervorrufen. Doch das „Alltagwerden" Gottes in Nazaret nimmt dem Ereignis der Kenosis auch noch den Glanz des „Besonderen": Gott wird Mensch, und er verwirklicht sein Menschsein zunächst im lang-weiligen Fließen und Verfließen von langen dreißig Jahren, wo (vordergründig

---

50 Auf diesen „Routine-Charakter" von Nazaret hat schon vor Jahren R. Voillaume, Botschaft vom Wege, dt. Freiburg i. Br. 1962, 229 hingewiesen: „Ist der gewöhnliche Lauf unseres Lebens nicht eine Routine? Man gibt diesem Wort oft einen abwertenden Sinn. ... Das gleiche Wort hat im Englischen eine andere Färbung; es meint die tägliche Pflicht, die jeden Tag genau gleich wiederkehrt. ... Das Leben von Nazaret war eine lange Routine bescheidener, immer gleich bleibender Pflichten."

gesehen) „nichts" passiert. In Wirklichkeit jedoch geschieht – wie das Evangelium sagt – ein Wachsen, nämlich ein Zunehmen nicht nur an Alter und Lebenskraft, sondern auch an Weisheit sowie ein Reifen in der Gnade und Liebe Gottes (vgl. Lk 2,39; 2,51).

Der „Alltag" von Nazaret, wie immer er im Einzelnen aussieht, ist also kein dunkles Gefängnis, keine absurde Leere, kein sinnlos-schablonenhaftes Auf-der-Stelle-Treten, sondern jene Vor-Gabe Gottes, in der sich, wenn sie angenommen und bejaht wird, absoluter Sinn ereignet, nämlich wahres Wachsen in der Liebe. Die scheinbare Verschlossenheit und ereignislose Unentrinnbarkeit des Alltags hat demnach „Fenster", die sich auf eine andere, höhere Wirklichkeit hin öffnen, nämlich auf den täglich neuen Ruf Gottes hin, gerade im Alltag den Lebensauftrag, Communio mit Gott und den Menschen zu verwirklichen, Frieden und Versöhnung zu stiften und Ferment der Einheit und Liebe zu sein.

Diese „Fenster" des Alltags werden vor allem in jenen Momenten bewusst, die zur komplexen Wirklichkeit des Alltag „dialektisch" dazugehören, nämlich in Fest und Feier. Deshalb ist die Perikope von der Pilgerreise des zwölfjährigen Jesus nach Jerusalem ebenso unabdingbar Teil der Realität des Alltags von Nazaret wie auch die regelmäßige Feier des Sabbats („In Nazaret ... ging er, wie gewohnt [!], am Sabbat in die Synagoge": Lk 4,16). Es ist gerade das Fest, welches das Fließen und Verfließen der alltäglichen Zeit unterbricht; es „bricht den Alltag auf in das Licht eines unbedingten Sinnes hinein, der im Festtag symbolisch sichtbar verkündet wird"[51]. So gehört zum menschlichen Leben beides: Der Alltag in seiner Alltäglichkeit und das Fest, das darauf hinweist und erfahren lässt, woher der

---

51 B. Casper, Alltagserfahrung und Frömmigkeit, in: Christlicher Glaube in moderner Gesellschaft, Bd. 25, Freiburg i. Br. 1985, 62

Alltag seinen Sinn erhält. Vom Fest her gesehen wird der Alltag zur Zeit, die in die Ewigkeit verweist, zum Raum, in dem man wie Jesus den Willen des Vaters erfüllt, zur Gelegenheit, in der wir die „Materie des himmlischen Reiches bereiten" (GS 38: materiam regni caelestis parantes).

Diese Botschaft vom Alltag als geheiligter Zeit, geheiligtem Raum und geheiligter Materie zeigt, dass Gottes Ruf und Auftrag immer zunächst auf den Alltag verweist, auf das Gewöhnliche, Normale, Nicht-Exzeptionelle. Der Alltag ist der Ernstfall, wo sich entscheidet, ob man auf Gottes Wort gehört hat und ihm zu entsprechen sucht. Dies ist angesichts der heute geltenden Plausibilitäten eine einzige große Provokation. Denn schon seit einigen Generationen wird der Alltag in unserer Gesellschaft als immer weniger sinnvoll erfahren.

3. Das Fest als „Moratorium" des Alltags

Diesen Umstand hat bereits vor ca. 70 Jahren Martin Heidegger auf den Begriff gebracht, wenn er „die Seinsart der Alltäglichkeit" als einen Absturz des Daseins „aus ihm selbst in es selbst" bezeichnet.[52] Er will damit sagen: Der Alltag ist eine defiziente Weise des Menschseins, insofern er eine Situation des unentrinnbar Vorgegebenen und Versklavenden ist, welche Enge, Routine, Leere, Langeweile, ja das Gefühl von Absurdität, Ekel und Überdruss erzeugt, die wiederum nach Flucht und Revolte Ausschau halten lässt. Verstrickt in die Mühle von unhinterfragbaren Zwangsläufigkeiten (das „Muss" der täglichen Arbeit, das „Man" von Üblichkeiten und Moden, die „Anonymität" und „Schablonenhaftigkeit" von Beziehungen und Autoritäten), die das Menschsein zum bloßen Angepasst-

---

52 M. Heidegger, Sein und Zeit, Tübingen ^{6}1949, 178.

sein ent-persönlichen, wird dem Menschen in der Alltäglichkeit vorenthalten, Subjekt seiner eigenen Geschichte zu sein und sein Leben selbst in die Hand zu nehmen. Rief Heidegger angesichts dessen noch dazu auf, in der entschlossenen Übernahme seines „Seins zum Tode" gegen die „Uneigentlichkeit" des Daseins „ganz selbst zu sein", ging die Entwicklung in der letzten Generation noch ein Stück weiter.

In der heutigen Gesellschaft wird die Alltagswirklichkeit weithin als nur negativ erfahren (allenfalls als Gelegenheit, Geld zu verdienen und Selbstverwirklichung zu praktizieren). Ansonsten aber herrscht der Wahn, dass der Sinn des Lebens sich gerade jenseits des Alltäglichen, nämlich im außergewöhnlichen Erleben, in der Erfahrung einer höchstmöglichen Reihe von „events" erschöpft. Nicht umsonst trägt das die gegenwärtige Gesellschaft analysierende Standardwerk von Gerhard Schulze den bezeichnenden Titel „Erlebnisgesellschaft" (Frankfurt 1992). Siehe auch S. 22 f.

Danach ist das Kriterium sinnvollen und erfüllten Lebens die Fülle subjektiver Erlebnisqualitäten – in allen, aber auch in allen Bereichen. Thomas Pröpper machte dafür auf folgendes winziges, aber höchst bezeichnendes Detail aufmerksam:[53] Früher wurde für Seife geworben mit Hinweis auf deren „Reinigungseffizienz", dann unter der Perspektive „Duftnote", und heute stellt die Werbung heraus, dass diese oder jene Seife „Ihrer Haut schmeichelt". Das heißt: Selbst so banale Vorgänge wie Reinigung werden unter den Horizont der subjektiven Erlebnisqualität gestellt. Aber Ähnliches geschieht mit allem andern: Ob es um Autowäsche, Meditationskurse, Disco oder Beethovens Neunte geht: Alles wird umgesetzt in besondere *Erlebnisse,* die gemacht und inszeniert werden, auf dass man dabei Faszination erfährt und „sich selbst spürt". Kurz: Selbst

---

53 Vgl. Th. Pröpper, Evangelium und freie Vernunft, Freiburg i. Br. 2001, 36.

aus dem Alltäglichsten und Banalsten muss Erlebnis werden. Man kann auch sagen: Man versucht, aus dem Alltag ein ständiges Fest zu machen. Diese gegenwärtig weit verbreitete Haltung hat auch schon (nichtkirchliche) Philosophen zum Einspruch veranlasst. So schreibt Odo Marquard: Man muss „den Alltag gegen das Fest verteidigen". „Denn das Fest ... hört ... dann auf Fest zu sein, wenn es ... an die Stelle des Alltags tritt und dadurch den Alltag auslöscht. ... Das Fest statt des Alltags: das ist problematisch und muss bös enden."[54] Warum? Weil dort, wo das Fest als totales „Moratorium des Alltags" angestrebt wird, sich die Tendenz zu einem totalen „Ausstieg" aus dem konkreten Leben ankündigt. Ein solcher Ausstieg kann zu erschreckenden Konsequenzen führen. So weist Marquard im Anschluss an Manès Sperber z. B. darauf hin, dass deshalb sogar der Krieg, weil und insofern er das Einerlei des Alltags unterbricht und die alltäglichen Verhältnisse umwälzt, (natürlich unbewusst) angestrebt wird und so eine schreckliche Konsequenz dieses „totalen Moratoriums" des Alltags sein kann:

„Die Menschen fürchten den Krieg nicht nur, sondern sie wünschen ihn auch, zumindest unbewusst, um ihrem Alltag – dem drückenden und lastenden Alltag – zu entkommen. Jede Warnung vor dem Krieg bleibt zu harmlos, die nicht vor dieser Quelle des Kriegswunsches warnt und erkennt: Der Krieg ist für die Menschen nicht nur schrecklich, sondern zugleich von den Menschen auch auf schreckliche Weise gewünscht: als Entlastung vom Alltag, als Moratorium des Alltags."[55]

Andere Formen solchen „totalitären Moratoriums" sind der Versuch, die Welt radikal zu ästhetisieren und das eigene Le-

---

54 O. Marquard, Moratorium des Alltags. Eine kleine Philosophie des Festes, in: ders., Zukunft braucht Herkunft. Philosophische Essais, Stuttgart 2003, 194–204, hier: 196.
55 ebd. 197.

ben auf ein „Gesamtkunstwerk" hin zu stilisieren, „das die vorhandene Wirklichkeit nicht mehr gelten lässt". Ebenso ist hier die Flucht in ein „alternatives Leben" zu nennen, welches „als ein ganz und gar anderes und neues Leben, das das vorhandene ... negiert, an die Stelle der vorhandenen Wirklichkeit treten und deren Alltag und deren Feste durch den großen Ausstieg aus ihnen auslöschen soll; [dabei] gewinnt es selber – meist ungewollt – martialische Züge."[56]
Von all diesen und anderen Formen, die den Alltag negieren und das Leben als totales Fest anstreben, kann mit Marquard nur gesagt werden: „Es kann daraus nichts menschlich Aushaltbares werden, denn wer – und das wäre ja die Intention dieses absoluten Festes – die Erde zum Himmel machen will, macht sie zuverlässig zur Hölle."[57]

Von diesem Blick auf die desaströsen Konsequenzen, die sich dort ergeben, wo man aus dem Alltag als „sinnlosem Gebilde" herausflüchtet, zeigt sich im Kontrast die Bedeutung des Alltags, wie sie die lukanischen Notizen erkennen lassen: Gottes Sohn selbst heiligt in Nazaret den Alltag, indem er darin die Vor-Gabe seines Vaters erkennt, der er im Gehorsam zu folgen hat. In der Annahme des Alltags übernimmt er die Endlichkeit des Menschen. Denn dazu gehört die Anerkennung, dass die Erde noch nicht der Himmel, die Zeit noch nicht die Ewigkeit und die eigene Freiheit noch nicht die Fähigkeit hat, alles Vorgegebene nach eigenen Wünschen und Vorstellungen zu gestalten, dass aber – wie gerade das Fest zeigt (Sabbat, Wallfahrt nach Jerusalem) – Hoffnung auf Sinn aufgerichtet ist. Der Glaube lädt dazu ein, in der sich nicht selten als unerträgliche Last manifestierenden Alltäglichkeit die Spuren des Unendli-

---

56 ebd. 199 f.
57 ebd. 201.

chen zu entdecken. Und das heißt ein Zweifaches. Erstens gilt es, „die vordergründige Abgeschlossenheit einer zunächst schein-unendlichen Alltagswelt zu überwinden und alles Gegebene als unbedingte Gabe, d. h. als Schöpfung zu verstehen", so dass selbst die einfachsten Dinge und Verhältnisse des Alltags „zum Anlass des Vertrauens auf den Geber aller Gaben werden"[58]. Zweitens geht es darum, in den Gegebenheiten des Alltags den Anruf und Auftrag Gottes zu erkennen. Gerade weil die Alltagswelt die gemeinsame Welt ist, in der ich schicksalhaft mit anderen verbunden und vernetzt bin, gilt es, Verantwortung füreinander zu übernehmen, Solidarität zu üben, Gemeinschaft zu schaffen, miteinander einen Weg für die Verbesserung alltäglicher Verhältnisse zu gehen und den Blick für die verheißene „große Hoffnung" offen zu halten. Es ist nicht zuletzt das Fest als „Moratorium des Alltags", das die Perspektive der Gemeinschaftlichkeit eröffnet. Denn die Tatsache, dass man nie und nimmer allein ein Fest feiern kann, weist darauf hin, dass auch der Alltag gemeinsam zu bestehen ist.

Der Alltag ist die vielleicht wesentlichste Grundsituation, in der sich unsere Lebensaufgabe zu erfüllen hat und Antwort auf die Berufung durch Gott zu geben ist. Doch der „Alltag" ist zusammen mit seinem Spannungspol „Fest" (Sonntag, Freizeit, faszinierende Ereignisse, „events") nicht die einzige Dimension unseres Lebens. Da gibt es auch noch die Wüste ...

---

58 Casper, a. a. O. 64 f.

Viertes Kapitel
„Die Wüste gehört dazu ..."
(Alfred Delp)

1. Metapher Wüste

Die Wüste ist zunächst einmal eine geologische Landschaftsformation von ungeheurer Faszination, der sich kaum jemand entziehen kann. Wohin auch immer man seine Aufmerksamkeit richtet, herrscht eine Art Hochspannung, etwa die Spannung zwischen unerträglicher Mittagshitze und nächtlicher Kälte, zwischen gleißendem Tageslicht und dämmerungslosem Einbruch der Dunkelheit, zwischen riesigen Strecken der Unfruchtbarkeit und den vor Lebendigkeit strotzenden wasserreichen Oasen. Ja, letztlich ist die Wüste ausgezeichnet durch die extremste Spannung, die es gibt, die zwischen Leben und Tod. So sieht es schon die Heilige Schrift. Denn auf der einen Seite ist für sie die Wüste Raum der Freiheit, wahren Lebens und besonderer Nähe Gottes, auf der andern Seite aber Raum des Dämonischen, des Bösen und des Todes.[59]

---

[59] Einzelheiten dazu siehe bei G. Greshake, Spiritualität der Wüste, Innsbruck-Wien 2002, 24ff.

In dieser ihrer Spannung zwischen Leben und Tod ist die Wüste eines der sprechendsten Bilder für unsere Existenz, die ja gleichfalls geprägt ist durch Spannungen und Zerspannungen. Gerade in der Doppelpoligkeit von „Ort des Lebens" und „Ort des Todes" kann die Wüste zu einer Art eindringlicher „Ikone" werden, die dazu einlädt, das eigene Leben in ihrem Bild neu zu sehen und zu verstehen. Solche Vergleiche zwischen Formen der Natur und Vorgängen im eigenen Leben sind auch sonst geläufig. Wir sprechen von felsenhafter Treue, von der Nacht der Verzweiflung, vom Hafen der Ehe, vom Herbst des Lebens. Fels, Nacht, Hafen, Herbst sind Bilder der Natur, welche uns einen Spiegel vorhalten, in welchem wir uns in größerer Tiefenschärfe und weiterer Perspektive neu entdecken, in welchem gerade die gegensätzlichen Dimensionen unseres Lebens neu aufgehen können. So gesehen ist die Wüste eine Metapher für die unterschiedlichsten spirituellen Befindlichkeiten unseres Lebens: sowohl für Durststrecken und ermüdende Kämpfe, für aussichtslose Situationen und scheinbare unfruchtbare Sinnlosigkeit als auch für Freiheit und Hochstimmung, Fasziniertsein und Freude über Erfolg und Gelungenes.

So ist die Wüste nicht nur eine Landschaftsform, sondern eine innere Dimension unseres Menschseins, die jeder auf seine Weise erfährt oder erfahren kann, auch dann, wenn nie eine Begegnung mit den geologischen Wüstengebieten der Welt stattgefunden hat.

Dabei kann diese Erfahrung *äußerst gegensätzlich* sein. Sie kann freiwillig übernommen werden, indem man „Wüste" von sich her sucht: Man bemüht sich um Alleinsein und Stille, schaut aus nach Räumen und Gelegenheit zum Schweigen und zur Einkehr. Man möchte – wie es oft heißt – „zu sich selbst kommen", einhalten vor neuen lebensbestimmenden Situationen oder Kraft schöpfen zum Durchhalten in einmal getroffenen Lebensentscheidungen. Aber „Wüste" kann auch absolut unfreiwillig über den Menschen herfallen, insofern sie für all das steht, was an Lebensfeindlichem, Tödlichem und Dämonischem hereinbrechen kann: Wenn der bisherige Lebensentwurf gescheitert ist, wenn Partnerschaften auseinanderfallen, wenn Einsamkeit, Krankheit und Leiden das Leben verzehren, kurz: wenn all das, was bisher Geltung hatte und Glück bedeutete, untergegangen ist, dann wird Wüste in einem emphatischen Sinn erfahren. Aber auch solche tödliche Wüste kann zum Beginn eines Neuen werden. Es ist so, wie Alfred Delp aus der Nazi-Gefangenschaft, an deren Ende seine Hinrichtung stand, geschrieben hat:

„Die Wüste gehört dazu. ...
Die großen Aufbrüche der Menschheit und des Menschen werden in der Wüste entschieden. Sie haben ihren Sinn und ihren Segen, die großen, leeren Räume, die den Menschen allein mit dem Wirklichen lassen.
Die Wüste ist einer der fruchtbaren und gestaltenden Räume der Geschichte. ... Es steht schlimm um ein Leben, wenn es die Wüste nicht besteht oder sie meidet."[60]

Die Wüste, und zwar die Wüste sowohl als geologische Landschaftsform wie besonders auch als Metapher für einen spirituellen Ort, ist durch viele unterschiedliche Dimensionen charakterisiert. Im Folgenden sind nur einige davon ausgewählt, um zu zeigen, welche Erfahrungen uns dazu aus der Geschichte der christlichen Spiritualität zukommen und wie sie auch für heute fruchtbar sein können.

---

[60] A. Delp, Gesammelte Schriften, Bd. IV: Aus dem Gefängnis, Frankfurt 1984, 220f.

2. Wüste als Ort des Schweigens – Hörens – Bestehens des Alltags

Zu Anfang des 3. Jahrhunderts spielt im beginnenden Mönchtum die Wüste zum ersten Mal in der Geschichte der christlichen Spiritualität eine entscheidende Rolle. Es sind viele Motive, weswegen man damals in die Wüste ging. Aber unter den zahlreichen anderen findet sich auch dieses:

„Wenn du dich nicht in der Hand hast, dann flieh angesichts dieser deiner Schwäche in die Einsamkeit der Wüste. Denn wer mit Menschenbrüdern zusammenwohnt, der darf nicht viereckig sein, sondern muss rund sein, damit er sich allen zuwenden kann. Und der Abbas (Matoe) bekannte von sich: ‚Es ist nicht die Tugend, derentwegen ich mich in der Einsamkeit der Wüste aufhalte, sondern die Schwäche. Die Starken sind es, die unter die Menschen gehen'" (225).[61]

„Ein Abbas sagte: ‚Wenn du in der Wüste weilst, bilde dir nicht ein, dass du etwas Großes tust, sondern halte dich vielmehr für einen Hund, den man von der Menge weggejagt und angebunden hat, da er beißt und die Menschen belästigt'" (573).

Hiernach steht das Aufsuchen der Wüste eindeutig nicht unter heroischem Aspekt. Wer in die Wüste geht, ist nicht der großartige Asket und heiligmäßige Mensch, sondern gerade der Schwache, der, welcher der Wüste bedarf, damit er jene Ecken und Kanten seines Charakters abschleift, mit der er Beziehungen verunmöglicht oder stört. Ziel der Wüste ist es, auf neue, geläuterte Weise wieder auf seine Brüder und Schwestern zuzugehen. Die Wüste erscheint hier somit als Heilmittel gegen menschliche Defizite und Schwächen, als Erziehungsweise, die

---

61 Die angegebenen Nummern beziehen sich hier wie im Folgenden auf die in den so genannten Apophthegmata Patrum überlieferten Mönchsworte, die nach B. Miller, Weisung der Väter, Freiburg i. Br. 1965 gelegentlich mit kleineren Modifikationen zitiert werden.

den Menschen „rund" und weniger „aggressiv" machen will. So kann man durchaus zu Recht mit Anselm Grün sagen, dass die Wüste als eine Art „Umweltschutz" dient. Die Wüstenmönche

„wollten die Welt nicht mit ihren unaufgearbeiteten Problemen und ihren getrübten Emotionen beschmutzen, ... mit ihren Aggressionen, mit ihren unbewussten Bedürfnissen und ihren verdrängten Leidenschaften." Darum „haben sie sich ... in die Einsamkeit zurückgezogen. Sie wollten erst sich selbst bessern, bevor sie die Welt verändern konnten. Sie wollten die Menschen vor ihren unaufgearbeiteten Neurosen bewahren."[62]

Es gibt ja wohl niemanden, der mit seinem eigenen (Un-)Wesen nicht immer auch ein Stück Welt „verschmutzt": Angehörige, Freunde, die eigene Umgebung. Die Mönche damals haben gespürt, dass die über die eigene Person hinaus wirkenden Defizite nur dann aufgearbeitet werden können, wenn man „in die Wüste geht", d. h., wenn man Alleinsein und Stille aufsucht, wenn man kritische Distanz zu sich selbst einnimmt und sich dem eigenen Unwesen stellt. So wurde für die frühen Mönche die Wüste zum Ort der Reinigung und Neuorientierung. Man kann auch sagen zum Ort der Freiheit und des Ganz-Werdens. Denn – so heißt es oft in den Überlieferungen der Wüstenmönche – man geht in die Wüste, „um auf sich selbst zu achten"[63], dies aber gerade nicht im Sinne einer stoischen Selbstreflexion oder eines modischen „Ego-Trips", sondern damit das Ich ohne Ablenkungen vor Gott leben kann. Es geht darum, „immer und überall Gott vor Augen zu haben" (3) und „ganz" zu werden.

Ganzwerden! In vielen Eremitensprüchen der frühen Zeit wird häufig nur dieses kurze Wort für die Wüstenexistenz tra-

---

62 A. Grün, Der Weg durch die Wüste, Münsterschwarzach 2001, 46.
63 Vgl. Athanasius, Vita Antonii 3 (= SC 400, 138).

diert: „Sei ganz!" Das Schweigen der Wüste, ihre Armut und Leere und das damit verbundene einfache Leben – all das ist dazu angetan, sich von den Zerstreuungen des gewöhnlichen Alltagslebens loszumachen und sich zu „sammeln". Das ist ja der tiefste Sinn von Sammlung: unser Ausgegossensein in das Vielerlei des Alltags und das Getriebenwerden unseres Lebens wieder zu „sammeln", d. h. zurückzunehmen in die einende Mitte. Und eine ganz ähnliche Bedeutung hat der Begriff Kontemplation: Es gilt, das viele Zerstreuende und Widersprüchliche unseres Daseins wie in einem Brennpunkt „zusammenzusehen".

Bedeutung und Wichtigkeit von Sammlung und Kontemplation/Meditation wurden in den letzten Jahren von zunehmend mehr Menschen eingesehen und erfahren. Vielen geht auf, dass bloßes Handeln, Leisten und Agieren das eigene Ich verschütten. Sie werden erschrocken dessen inne, dass sie in der Hektik und Betriebsamkeit gar nicht mehr zu sich selbst kommen, dass sie im Lärm und Tempo des Alltagsbetriebs ihre „Seele" verlieren. So geht manch einem heute auf, dass man der Wüste bedarf, um überhaupt menschlich leben zu können.

Der Glaubende wird freilich noch einen Schritt darüber hinaus tun: Er wird wissen, dass es gilt, sich mehr auf das „unum necessarium" („das eine Notwendige" nach Lk 10,42) auszurichten, auf das, was letztlich im Leben zählt, und das bedeutet, die Aufmerksamkeit auf Gott zu richten und auf ihn zu hören. Damit ist etwas angesprochen, was durch die ganze Geschichte der Spiritualität geht, dass es nämlich wirklich eine Unmittelbarkeit des Menschen zu Gott gibt. Wenn der Mensch ganz bei sich ist und sich in heiligem Schweigen sammelt, kann er Gott hören und von Herz zu Herz mit ihm sprechen. So können wir es ablesen an exemplarischen Glaubenden wie etwa an Paulus, der jahrelang in der arabischen Wüste verbracht hat, an Benedikt, der in der Wüste der rauen Abruzzen seinen Ruf vernahm und zum „Vater des Abendlandes" wurde, an Franz v. Assisi, der in die Wüste der Carceri und des Lavernaberges ging, um hier die letzte Angleichung an Christus zu empfangen, an Klaus von der Flüe, der in der Wüste des Ranft zum Friedensstifter wurde, und so geht es weiter bei jedem wirklich Glaubenden …

Ein eindringliches Wort dazu finden wir auch beim seligen Bruder Karl (Charles de Foucauld), einer der großen Wüstengestalten. Er schreibt:

„Man muss die Wüste durchqueren und in ihr verweilen, um die Gnade Gottes zu empfangen. … Dort treibt man alles aus sich heraus, was nicht Gott ist. … Die Seele braucht diese Stille, diese Sammlung. … So kann Gott in ihr Sein Reich aufrichten. … Genau in dem Maß, in dem der innere Mensch Gestalt gewinnt, wird die Seele später Frucht tragen. … Wenn das innerliche Leben gleich Null ist, dann helfen … keine guten Absichten, kein noch so großes Maß an Arbeit, dann sind die Früchte gleich Null; dann ist die Seele eine Quelle, die den anderen Heiligkeit bringen möchte und es nicht kann, weil sie selbst keine besitzt. Man kann nur geben, was man selber hat. In der Einsamkeit, in diesem Leben allein mit Gott, … schenkt Gott sich jedem ganz und gar, der sich Ihm auf diese Weise auch ganz und gar schenkt."[64]

„Man kann nur geben, was man selber hat" und in der Wüste im Schweigen und Hinhören zu gewinnen vermag: Dieses Wort hat seine Entsprechung im vielzitierten Spruch von Friedrich Nietzsche: „Wer viel einst zu verkünden hat, schweigt viel in sich hinein. / Wer einst den Blitz zu zünden hat, muss lange – Wolke sein." Man könnte statt Wolke auch sagen: der muss in die Wüste gehen. Die Wüste aufsuchen und erfahren heißt also Lärm und Stress, oberflächliche Bindungen und Zerstreuungen, ver-

---

64 Ch. de Foucauld, Die geistlichen Schriften, dt. Wien-München 1963, 155 f.

sklavende Zwänge und Gewohnheiten zurücklassen, um wahrhaft ein Hörender und Empfangender zu werden.

Dass dies gerade für unsere Gesellschaft von ungeheurer Bedeutung ist, liegt wohl auf der Hand. Wir leben in einer Zeit, die – so Paul Zulehner – wesentlich charakterisiert ist durch „Logorrhoe" – Wortdurchfall. In Staat und Kirche, in Medien und Privatbereich wird geredet, geredet ohne Unterlass. Mit oder ohne Sinn, oberflächlich oder tiefsinnig, aber jedenfalls wird geredet, bedenkenlos und grenzenlos. Genau hier setzt die Herausforderung der Wüste einen kräftigen Gegenakzent. Zur Illustration eine kleine Mönchsgeschichte: Auf einer der vielen im 4./5. Jahrhundert üblichen regionalen Kirchenversammlungen meldeten sich Männer zu Wort, die man nicht kannte. Gefragt, wer wie seien, antworteten sie: „Wir kommen aus der Wüste!" Da entgegnete der Vorsteher der Versammlung: „Alsdann, wenn ihr aus der Wüste kommt, dürft ihr sprechen!" Eine sehr hintergründige Geschichte. Eigentlich darf nur der sein Wort in der Öffentlichkeit von Kirche und Gesellschaft erheben, der aus dem Schweigen, aus dem Hören, kommt, dessen Wort durch die Erfahrung von Sammlung und Stille „gedeckt" ist.

Die Erfahrung der Wüste ist es auch, die zusammen mit der des Festes neu in den Alltag hineinweist. Denn – so haben es schon die ersten Wüstenmönche gelehrt – die Wüste erfahren heißt die Armut und Leere der Alltäglichkeit erfahren und sich bewusst der Alltäglichkeit des Lebens stellen. Dazu eine sehr typische Mönchsgeschichte:

„Ein Bruder kam in die Sketis zum Altvater Mose und begehrte von ihm ein Wort. Der Greis sagte zu ihm: ‚Fort, geh in dein Kellion [Zelle, Höhle oder aus Zweigen geflochtene Hütte] und setze dich nieder, und das Kellion wird dich alles lehren'" (500).

Solche und ähnliche Sätze finden sich in der Überlieferung der Wüstenväter sehr häufig: Jemand, der mit der Bitte um ein wegweisendes Wort zu einem Abbas, in diesem Fall zum Abbas Mose, kommt, wird zurückgewiesen. Der Vater hat kein Wort für ihn, Gott selbst muss es ihm zukommen lassen. Und das geschieht, wenn der Betreffende in Ruhe und Frieden da bleibt, wo er ist, in seinem Kellion, d. h. im weiteren Sinn: in dem ihm vorgegebenen Lebensraum, in seinem Alltag. Hier überkreuzen sich also gewissermaßen die spirituellen Topoi Alltag und Wüste. Genauso wie das Bestehen des Alltags bedeutet das Aufsuchen der Wüste nicht, etwas Außerordentliches zu tun oder außerordentliche Erfahrungen zu ersehnen. Das schlichte Aushalten der alltäglichen Wüstenexistenz hat selbst schon eine Stimme oder kann zur Stimme werden, die Gottes Wort in sich trägt. Wahre „Sammlung", wirkliches Hören auf Gottes Wort, kann also auch dort geschehen, wo jemand seinen „Alltag" als den ihm zugemuteten Lebensauftrag bewusst übernimmt und darin aushält. Das Auf-sich-Nehmen der „täglichen Wüste", das Ausharren im oft so Banalen des alltäglichen Trotts und grauen Einerleis trägt dann Gottes Wort in sich, wenn man – so sahen wir bereits auf S. 100 – in der „vordergründigen Abgeschlossenheit" seiner Alltagswelt alles hier „Gegebene als unbedingte Gabe [Gottes] ... zu verstehen" sucht und in der sich nicht selten als unerträgliche Last manifestierenden Alltäglichkeit die Spuren Gottes entdeckt. So wird man „ganz".

Deshalb sollte es in jedem christlichen Leben so etwas wie Dimensionen, Zeiten, Räume der Wüste geben, wo man etwas von dem verwirklicht, was einige wenige außergewöhnliche Berufungen ihr Leben lang und radikal verwirklichen. Solche Dimensionen, Zeiten und Räume der Wüste können sein die Praxis der so genannten Wüstentage, wo man sich von Zeit zu Zeit einen ganzen Tag zurückzieht, oder Exerzitien oder „Kloster auf Zeit", aber auch alltägliche Zeitsplitter von Sammlung und Stille. All das kann ein Stück Wüste sein, die man freiwillig aufsucht. Eine andere Erfahrung von Wüste ist dort gegeben, wo man Durststrecken des Lebens schlicht aushalten und durchhalten muss, wo Einsamkeit ungefragt über einen einbricht und bisher geltende Lebensinhalte oder Beziehungen zusammenbrechen: Auch das kann, wenn es im Kampf mit dem so oft zerstreuten und zerspaltenen Herzen bestanden wird, dahin führen, sich Gott auf neue Weise auszusetzen, sich neu zu finden, „ganz" zu werden.

3. Wüste als Ort der Entscheidung – der Versuchung – des Kampfes

In der Heiligen Schrift ist der Prophet Elija der Mann der Wüste schlechthin. Schon sein Name ist Programm. Denn Elija heißt übersetzt „Mein Gott ist Jahwe!" Diese Proklamation richtet sich gegen Israel, das auf breiter Front von Jahwe zu Baal und dessen sinnenfreudigen Fruchtbarkeitskulten abgefallen war. Deshalb hat der Name eine deutlich polemische Note: „Mein Gott ist Jahwe und *eben nicht* Baal!" Diese leidenschaftliche Überzeugung ist dem Propheten in der Wüste zugewachsen (vgl. 1 Kön 17,2ff). Aus der hier erlebten Unmittelbarkeit zu Gott entsprang die spezifische Berufung des Elija, „leidenschaftlich zu eifern" für Jahwe und gegen Baal. Auf dem Karmel lässt er Hunderte von Baal-Priestern versammeln und ruft ihnen vor dem ganzen Volk zu: „Wie lange noch schwankt ihr nach zwei Seiten? Wenn Jahwe der wahre Gott ist, dann folgt ihm! Wenn aber Baal es ist, dann folgt diesem!" (1 Kön 18,21). Jahwe oder Baal!

Genau diese radikale Alternativität „Entweder-oder" entspricht der Erfahrung, wie sie schon die geologische Wüste vermittelt, die – wie bereits anfangs kurz erwähnt – unerbittlich polarisiert, da sie keine Zwischentöne und -farben kennt und zulässt: Die Landschaft Wüste ist entweder kalt oder warm; hell oder dunkel, gekennzeichnet von tödlicher Dürre oder lebendiger Fülle (der Oasen). Überall lautet ihre Devise „Entweder-oder". Bis in den Charakter der Wüstenbewohner hinein lässt sich dieses Wesensmerkmal der Wüste beobachten. So schreibt ein Kenner der Wüste: Es „fehlen (bei ihnen) die Zwischentöne, Liebe und Hass, ... Härte und Milde, Zuneigung und Abneigung. All das liegt so dicht und übergangslos zusammen, dass nichts dazwischenzupassen scheint. Es gibt nur das eine oder das andere, und keins von beiden ist dosierbar"[65].

Diesem Charakteristikum der Wüste „Entweder – oder!" entspricht auch das biblische Gottesverständnis. Jahwe ist der „Gott der Wüste" (J. W. Flight). Während die Götter, die Israel in Kanaan, im Land der Verheißung, vorfindet, Personifikationen von Leben und Fruchtbarkeit, Ordnung und Frieden sind und somit etwas „Harmonisches" an sich haben, ist Jahwe als „Gott der Wüste" – ganz entsprechend dem Charakter dieser Landschaftsform – durch Eindeutigkeit, klare Konturen, Entschiedenheit ausgezeichnet: Dem durch das „Entweder – oder!" ausgezeichneten Charakter der Wüste entspricht ein Gott, welcher in aller Eindeutigkeit der „andere Pol" der Schöpfung, der „ganz andere" ist, derjenige, welcher um die Menschen „eifert" und sie in die Entscheidung stellt: Glaube oder Unglaube, Ja oder Nein, Tod oder Leben (vgl. z.B. Dtn 30,15f).

Dieser Charakter der „Wüste" drängt sich auch dort auf, wo Wüste im übertragenen, spirituellen Sinn genommen wird im Sinne von Alleinsein, Abgeschiedenheit, Sich-Konfrontieren

---

[65] C. Bergmann, Der letzte Beduine, Reinbek 2001, 74.

mit Gott. Auch hierfür gilt – wie ein Kartäusermönch schreibt: „Die Wüste erlaubt keinen Kompromiss, sie fordert eine klare Entscheidung: entweder auf steinigem Weg unaufhörlich voranzuschreiten mit möglichst leichtem Gepäck, oder sich dem Tod zu überlassen."[66] Die „Kompromisslosigkeit" der Wüste entspricht der „Kompromisslosigkeit" Jahwes.

Vor einigen Jahren hat Jan Assmann in seinem provozierenden Werk „Moses der Ägypter" (München 1998) auf die entscheidende Wende in der Religionsgeschichte hingewiesen, die mit dem Namen Mose verknüpft ist. Bis dahin – so Assmann – gab es in den Religionen keinen Platz für die Idee falscher Götter, d. h. für Götter, die man nicht anbeten darf. Die verschiedenen Götter schlossen sich nicht gegenseitig aus. Mose dagegen führte nach Assmann die Unterscheidung von wahr und falsch in den Bereich der Religionen ein. Er zerstörte im Namen seines Gottes das Goldene Kalb und ließ dessen Anhänger hinrichten. Darin zeigt sich für den Autor das Besondere dieses Gottes, der vor die Alternative stellt: Ja oder Nein, Wahrheit oder Lüge. Mehr noch: Während die bisherigen Götter als Projektionen weltimmanenter Werte letztlich zur Weltvergötzung führen, zieht Israel auf Geheiß seines Gottes aus Ägypten aus, d. h. „aus der ‚Welt' einer auf äußeres Glück, säkulares Gelingen, ziviles Wohlbehagen, materielle Güter und politische Macht ausgerichteten Kultur". Deshalb gehört die Wüste, der Verzicht auf Weltbeheimatung, zum neuen biblisch-mosaischen Gottesbild.

Die Thesen von Assmann haben Kritik gefunden, auf die hier nicht eingegangen zu werden braucht. Dennoch dürfte manches Richtige getroffen sein. Und dies hat damit zu tun, dass Jahwe tatsächlich der Gott ist, „der aus der Wüste kommt"

---

66 Ein Einsiedlermönch, Wo die Wüste erblüht, München u. a. 1984, 13.

und der deshalb nicht einfach ein „lieber Gott" ist. Man muss nur die „lieblichen" Götter der Griechen und Kanaanäer sowie die „harmonischen" Götter Asiens mit dem Gott der Bibel oder des Korans vergleichen, um den grundlegenden Unterschied festzustellen. Und der hat offenbar etwas mit dem „harten", polarisierenden und Eindeutigkeit tragenden Charakter der Wüste zu tun: Hell oder dunkel, kalt oder heiß, Wahrheit oder Lüge, Gott oder Götze. Alles oder nichts! Hieran knüpft auch Spiritualität des Karmel an, dessen Wappenspruch das Wort des Elija ist: „Mit leidenschaftlichem Eifer bin ich für den Herrn, den Gott der Heere eingetreten." So wie die Sonne der Wüste in ihrer überwältigenden Macht alles ausbrennt und auslodert, wie sie kein Ausweichen zulässt, alles durchleuchtet, nicht einen Hauch von Dunkel und Schatten kennt und duldet, so zeigt sich auch der Gott des Karmel im alles verzehrenden Feuer, ja er ist verzehrendes Feuer, er ist der eifernde und eifersüchtige Gott, der keine Kompromisse duldet. „Dios solo basta" – „Gott allein genügt": Dieses Wort der hl. Teresa v. Avila ist geradezu eine Variation des elijanischen „Entweder-oder", welches kein „und" einer Ergänzung duldet. Auch der selige Charles de Foucauld ist von diesem in der Wüstenerfahrung gründenden Gottesbild eines leidenschaftlichen, den Menschen ganz in Beschlag nehmenden Gottes geprägt. Ein Wort von ihm lautet: „Offensichtlich ist im Vergleich zu Gott alles Geschaffene ein Nichts. Allein der Herr verdient es, mit ganzer Leidenschaft geliebt zu werden."[67]

Gerade diese „Entweder-oder"-Dimension der Wüste hat für uns heute eine überaus wichtige Botschaft. Denn was unsere gegenwärtige Gesellschaft angeht, so herrscht in ihr geradezu die Ideologie der Entscheidungslosigkeit. Man kann sich nicht entscheiden, man will sich auch nicht entscheiden. Statt angesichts

---

67 Brief an H. de Castries vom 15.7.1901.

von Alternativen „Farbe zu bekennen", hält man sich lieber alle Möglichkeiten offen. Allgemeinverbindlich ist im Grunde nichts. Wahrheitsansprüche gelten als unanständig. Weithin gilt das Motto: „Ich in o. k., du bist o. k., wir sind o. k. Komm mir nur nicht mit irgendwelchen Ansprüchen!" Auch der Glaube bedeutet für viele heute keine wirkliche Lebensentscheidung, er wird weithin funktionalisiert auf die eigenen religiösen Bedürfnisse hin, Bedürfnisse, die sich etwa in der Sehnsucht nach Sinn und einem vagen Verlangen nach göttlichem Beistand und Segen äußern, sowie im Wunsch, gelegentlich die graue Alltagswelt im Kult und religiösen Erlebnis zu übersteigen.

Demgegenüber kann gerade in der Wüste (und gemeint ist natürlich nicht nur die geologische Wüste) aufgehen, dass die Beziehung zu Gott nicht deshalb bestehen darf, weil und insofern sie etwas „bringt", weil sie sich „auszahlt", so dass Glaube letztlich zu einer subtilen Weise der Selbstbefriedigung, also zum Götzendienst wird. Nein, der Akt des Glaubens geschieht angesichts der überwältigenden Wirklichkeit Gottes, weil Gott Gott ist und – wie Bruder Karl sagt – „es verdient, mit ganzer Leidenschaft geliebt zu werden". Angesichts dessen, dass heute entweder der Glaube überhaupt schwindet oder auf Bedürfnisbefriedigung hin instrumentalisiert wird, kann es für den einzelnen Christen wie für die ganze Kirche eigentlich keine wichtigere Aufgabe geben, als die Wirklichkeit des lebendigen Gottes zu bezeugen, gewiss auch durch Worte, vor allem aber durch das eigene Leben und nicht zuletzt durch die Praxis zweckfreier Anbetung. Das ist das Einzige, was in unserer Gesellschaft sonst kein anderer tut und tun kann: Zeugnis vom lebendigen Gott zu geben, Leidenschaft für ihn und für das Evangelium zu wecken. Stattdessen macht Kirche oft nur seelsorglichen Betrieb mit nachlassendem Erfolg. Bischof Joachim Wanke schreibt dazu:

"Wir müssen mehr beim Herrn sein, um besser bei den Menschen sein zu können. Wir müssen absichtsloser unter den Menschen sein, um ihnen ein Licht aufstecken zu können. Wir müssen inmitten des allgemeinen Lärms noch viel stiller werden, damit die Hörbereiten aufhorchen können. Ob wir nicht unseren Dienst [gemeint ist der seelsorgliche, pastorale Dienst der Kirche] noch stärker ,verfremden' müssen, damit er nicht als Service einer Dienstleistungsgesellschaft für sanfte Humanisierung missverstanden werden kann?"[68]

Dass die Wüste – und gemeint ist damit vor allem die Existenz im schweigenden Einhalten und im hörenden Durchhalten des Alltags – Ort der Entscheidung ist, haben schon die ersten Wüstenmönche auf eine für sie sehr spezifische Weise erfahren. Denn einer der Gründe, weshalb man damals in die (geologische) Wüste ging, war die Bereitschaft zum so genannten Dämonenkampf.

Viele werden sich mit diesem Stichwort „Dämonenkampf" heute schwertun. Deswegen ist es notwendig, das Gemeinte zunächst aus der *damaligen* Perspektive heraus zu verstehen.

Gegen Ende des 3./4. Jahrhunderts ist das Christentum überall hingedrungen: Die heidnischen Tempel sind am Zerfallen oder werden zerstört. Auf ihren Grundmauern oder mit den Materialien ihrer Ruinen werden christliche Kirchen gebaut. So erfährt man handgreiflich, dass die – von den Christen als Dämonen eingestuften – heidnischen Gottheiten und bösen Mächte besiegt sind. Sie mussten sich aus dem Kulturland zurückziehen. Aber sie haben sich – so meinte man – dahin zurückgezogen, wo noch ein letztes „Schlupfloch" zu finden war, und das ist die Wüste, die nach Aussage der Heiligen Schrift der bevorzugte Ort des Dämonischen, des Bösen und Tödli-

---

68 J. Wanke, Communio und missio, in: Priesterliche Lebensform, hrg. v. Sekretariat der DBK = Arbeitshilfen 36, Bonn 1984, 23.

chen ist. Deshalb gingen die frühen Mönche in die Wüste, um hier die teuflisch-dämonischen Mächte in einer Art „Endgefecht" zu überwältigen. Indem sie in der Wüste den Kampf gegen das Böse aufnahmen, wollten sie den Sieg Christi gleichsam in den letzten „Winkel" der Wirklichkeit hineintragen und damit erweisen, dass das Böse durch Christus grundsätzlich überwunden ist. Auf dieser Linie schreibt Athanasius in seinem „Leben des Antonios":

> „Die Dämonen wollten die Inbesitznahme ihres Wüsten-Territoriums nicht hinnehmen; ... sie schrien Antonios an: ‚Verlasse, was uns gehört! Was geht dich die Wüste an!'" Und der Satan ruft klagend aus: „‚Ich habe keinen Ort mehr, keine Waffe, keine Stadt. Überall sind Christen, und jetzt ist auch die Wüste voll von Mönchen.' Deshalb unternahmen die Dämonen alles, „um Antonios aus der Wüste zu vertreiben."[69]

Das Sich-Niederlassen in der Wüste und das Bestehen der Wüste galt also in dieser damaligen Vorstellungsperspektive als eine Kampfansage an das Böse und seine Besiegung als Reinigung der letzten dämonischen Enklave.

Dieser gedankliche Hintergrund des Dämonenkampfes ist uns heute gewiss fremd und befremdlich. Er muss in unsere Gegenwart übersetzt werden. Doch zuvor ist zu fragen: Auf welche Weise geschah damals der Dämonenkampf? Antwort: Dadurch dass die Mönche sich den Anfechtungen durch das Böse ganz bewusst und entschieden stellten. Auf Grund ihrer eremitischen Lebensform, die sie in unerhörtem Maß mit sich selbst und ihrer eigenen kleinen Welt konfrontierte, erfuhren sie das Dämonische vor allem in ihren Gedanken, Vorstellungen, Trieben und Leidenschaften, in inneren Kämpfen also. Diese vollzogen sich auf verschiedene Weise. Und damit sind wir auch schon bei uns selbst, weil uns genau das Gleiche ge-

---

69 Athanasius, Vita Antonii 8.13.41.53 (= CS 400, 156.170.246.278).

schehen kann: Anfechtungen erwachsen aus Zweifel und Misstrauen gegen Gott bis hin zur Verzweiflung, sie erwachsen aus der eigenen Triebhaftigkeit mit ihren ungezügelten Vorstellungen sowie aus Allmachtsfantasien und Selbstbestätigung suchenden Vergleichen mit anderen. Aber es gibt auch Anfechtungen, die beim frömmsten Tun erwachen, etwa beim Gebet und beim meditierenden Nachsinnen über das Wort Gottes. Wie oft und wie leicht stellt sich da die Erfahrung ein, dem Verweilen im Gebet nicht gewachsen zu sein mit der Konsequenz, das Gebet abzukürzen, aus der Stille wegzulaufen und stattdessen etwas „Sinnvolleres" zu tun. So sieht sich der Mensch sogar im Verweilen bei Gott auf einen „Kriegsschauplatz" gestellt. Und deshalb:

„Was Entmutigung ist, Aufbegehren, Vereinsamung, innere Zerrissenheit, hat auch ihnen [den Mönchen] zugesetzt; sie kannten sogar die Verzweiflung. Aber sie wichen nicht davor aus, sondern gingen auf sie zu. Sie gingen gerade dorthin, wo jede Ausflucht versperrt war. Damit weisen sie auf etwas hin, was heute so wichtig ist: dass man sich der Anfechtung stellen muss. Man verdrängt Anfechtung nicht ungestraft. Man wird nur reif, wenn man auf sie zugeht."[70]

So geschah und geschieht auch heute die Auseinandersetzung mit dem Bösen in uns und um uns dadurch, dass man nicht mogelt und vertuscht und faule Kompromisse schließt, sondern sich im Sinne eines klaren Ja oder Nein, Licht oder Finsternis, Wahrheit oder Trug den eigenen Abgründen, Versuchungen und Anfechtungen bewusst stellt und klare Entscheidungen trifft.

Doch welchen Sinn haben die vielfachen Anfechtungen und Versuchungen in der „Wüste"? Sie zeigen, dass der Mensch ih-

---

70 C. Bamberg, Was Menschsein kostet. Aus der Erfahrung frühchristlicher Mönche gedeutet, Mainz 2001, 73.

nen im Grunde nicht gewachsen und oft hilflos und ohnmächtig ausgeliefert ist. Und genau darin liegt ihre positive Möglichkeit. Denn man kann den Erfahrungen der eigenen Armut aus dem Wege gehen, indem man den Versuchungen nachgibt oder sie zu verdrängen sucht. Dann wächst man nicht nur nicht daran, man gibt auch dem Bösen einen weiteren Raum. Wo der Mensch sich aber der eigenen Armut und Ohnmacht stellt, werden Anfechtungen zur Einladung, sich selbst aus der Hand zu geben und Gott zu überlassen.

Dieses „Dämonische" bricht gerade „in der Wüste" auf: d. h., wenn man entweder aus freiem Entschluss die allzu selbstverständlich gewordenen Gewohnheiten und Moden, eingefahrenen Geleise und eingebildeten „Notwendigkeiten" des Lebens lässt, die gewohnten Zerstreuungen und das Lärmende des Alltags beiseiteschiebt und sich in Stille und Alleinsein dem inneren Leben des Herzens und der Beziehung zu Gott stellt.

Das „Dämonische" kann aber auch in jenen „Wüsten" auftreten, die man nicht sucht, sondern die über einen hereinfallen, wenn der bisherige Lebensentwurf gescheitert ist, wenn alles Bisherige ins Wanken gerät und das, was bislang Geltung hatte und Glück bedeutete, untergegangen ist. In solchen Situationen kann das „Dämonische" im eigenen Herzen bewusst werden: die Oberflächlichkeit und Triebhaftigkeit, Zerrissenheit, Zwiespältigkeit und Abgründigkeit des eigenen Ich. Und aus dieser Erfahrung der Entfremdung kann sich dann die Frage erheben: Woraus lebst du eigentlich – aus dir selbst oder aus Gott? Zwischen diesen beiden Fronten bewegt sich letztlich der Kampf, den die Wüstenväter in besonders ausdrücklicher Weise erfahren und bewusst auf sich genommen haben, ein Kampf, der keinem von uns erspart bleibt.

4. Wüste, die Oasen birgt

Stand für die frühen Mönche die Wüste primär unter dem Gedanken des Dämonenkampfes, so entdeckt Charles de Foucauld zu Anfang des 20. Jahrhunderts noch eine völlig andere Dimension der Wüste. Und das ist die Erfahrung: Die Wüste ist der Ort, „Gutes zu tun", wie es in geradezu naiver Stereotypie unendlich oft in seinen Reisenotizen, Aufzeichnungen und Briefen heißt. Gemeint ist mit „Gutes tun", dass Bruder Karl den Menschen seiner Umgebung, aber auch denen, die er auf seinen verschiedenen Reisen in den Oasen, Camps und an Wasserstellen trifft, auf unspektakuläre, aber herzliche Weise beisteht. Auf Grund der Kolonialisierung beginnt zu seiner Zeit das alte Wirtschafts- und Sozialsystem zu zerbrechen; Heuschrecken verwüsten die Felder, über Jahre hinweg bleibt der Regen aus; Hunger ist die Folge. So gibt es viel Armut und Elend. Zudem haben die Errungenschaften Europas (z. B. die Fortschritte der Medizin) Afrika noch nicht erreicht. Menschen müssen an Krankheiten sterben, für die es in Europa längst Heilmittel gibt. Angesichts dieser vielfachen Not schenkt Bruder Karl den Leidenden, Hungernden und Bedürftigen nicht nur gute Worte, sondern auch Lebensmittel, Medikamente, kleine Geldbeträge. Das „Gute", was er tut, ist nichts Großartiges; er versteht es selbst nur als „Zeichen", nämlich als Zeichen seiner Liebe und Zuwendung und als allererste Vorbereitung der Evangelisierung. Dieses „Gutes tun" ist ihm so wichtig, dass er darüber seine Sehnsucht nach einem mönchischen Leben, das ihn ein Leben lang beherrscht, zurückstellt und stattdessen mit französischen Militärs oder Tuareg-Karawanen gewaltige Exkursionen durch die Wüste unternimmt, um mit Menschen Kontakt aufzunehmen. Er selbst schreibt dazu:

„Meine bescheidene Arbeit geht weiter. ... Arbeit der Vorbereitung. ... Im Augenblick bin ich Nomade, gehe von Lager zu Lager, versuche, das Vertrauen und die Freundschaft der Tuareg zu gewinnen. ... Dieses Nomadenleben hat den Vorteil, dass es mich in Kontakt mit vielen Leuten bringt."[71]

Auch seine Einsiedeleien, die eigenen und diejenigen, die er für künftige Brüder plant, sollen Ausstrahlungsorte sein, von wo aus man den Menschen in ihrer „Wüstenexistenz" hilfreich zur Seite steht. So heißt es in einem seiner vielen „Regelentwürfen":

„Die Kleinen Brüder ... schenken Gastfreundschaft, materielle Unterstützung und im Krankheitsfall Heilmittel und Pflege einem jeden, der sie darum bittet, Christen wie Ungläubigen, Bekannten wie Unbekannten, Freunden oder Feinden, Guten oder Bösen. ... So sollen alle im weiten Umkreis genau wissen, dass die Bruderschaft das Haus Gottes ist, wo allzeit jeder Arme, jeder Fremde, jeder Kranke mit Freude und Dankbarkeit eingeladen, gerufen, erwünscht und aufgenommen ist. Und zwar durch Brüder, die ... ihm herzliche Zuwendung erweisen und die Aufnahme unter ihr Dach wie den Gewinn eines kostbaren Schatzes betrachten."[72]

Mit all dem ist ein „neuer Schritt" im geistlichen Verständnis der „Wüste" getan: Die „Dämonen der Wüste" sind für Bruder Karl vor allem Armut und Krankheit, die Misere der Menschen, der Verlust ihrer Rechte und Würde im Kolonialsystem, ihre (mit heutigen Worten gesagt) „Unterentwicklung" in materieller, geistiger, aber auch religiöser Hinsicht. Wüste ist damit nicht mehr (nur) Ort der Gottesbegegnung und des Kampfes, insofern sie für das still-traute Alleinsein mit Gott und für die Auseinandersetzung mit dem Bösen im eigenen Herzen steht, sondern sie ist es vor allem in dem Sinn, dass

---

71 Ch. de Foucauld, Brief an H. de Castries vom 15.7.1904.
72 D. Barat (ed.), Charles de Foucauld, Œuvres Spirituelles, Paris 1958, 457 f.

man in der „Wüste der Welt" Christus im notleidenden Bruder, in der angefochtenen Schwester begegnet und ihnen, so gut es geht, geistlich – in stellvertretendem Gebet –, aber auch materiell – durch tatkräftigen Einsatz – zu Hilfe kommt.

Wüste steht also für die vielgestaltigen Formen der Not und des Elends, für die Welt, die als unbehaust und ungeborgen, als unfruchtbar und sinnlos erscheint, sowie für die eigene Existenz, die arm und leer ist, ausgebrannt von der Hektik des Alltags und von der Oberflächlichkeit unserer Beziehungen. Diese Wüste, die Wüstenexistenz der Welt und des eigenen Lebens, gilt es, geistlich zu bestehen, nicht nur in Gebet und Kontemplation, sondern vor allem in der Praxis solidarischen Handelns. Diese Wüste provoziert dazu, den Glauben in der Einheit von Kontemplation und Tun zu leben und in Wort und Praxis zu bezeugen. Das ist – neben den alten Dimensionen – das Neue am Wüstenverständnis von Bruder Karl.

Dieses wird heute von den Gemeinschaften der Geistlichen Familie Charles de Foucaulds aufgegriffen, vor allem in den verschiedenen Kommunitäten der „Kleinen Brüder" und „Kleinen Schwestern". Sie leben in unterschiedlicher Weise „mitten in der Welt" – so die Programmschrift von René Voillaume, dem Gründer einiger dieser Gemeinschaften. „Mitten in der Welt" ist aber nicht als Ortsangabe gemeint, sondern als emphatische Herausstellung der konkreten Wüstenstrukturen unserer Gesellschaft, wie die Mehrheit der Menschen sie erfährt. Es ist eine Gesellschaft, wo Menschen – nicht selten enttäuscht und einsam, krank und alt – um ihr nacktes Dasein kämpfen müssen, um Arbeit, Brot und Wohnung, wo sie ihr Leben im alltäglichen Trott verbringen und keine großen Perspektiven kennen, aber auch wo Menschen die „ewiggleichen" Sehnsüchte, Wünsche, Hoffnungen und Freuden in sich tragen und miteinander teilen, wo sie sich gegenseitig beistehen und einander solidarisch sind. Mitten unter ihnen und gleich ihnen leben die Kleinen Brüder und Schwestern und verstehen diese unsere gemeinsame Welt als große „Wüste".

Von daher kommt es in der Geistlichen Familie Charles de Foucaulds zur Formulierung: „In deiner Stadt ist deine Wüste" (Carlo Carretto), eine Formel, die zu den charakteristischen Grundworten gegenwärtiger Spiritualität zählt, da sie sogleich auch von verschiedenen anderen geistlichen Gemeinschaften aufgegriffen wurde. Hier, in der Wüste unserer konkreten Welt, sollen Christen und christliche Gemeinden „Oasen" sein, wo Menschen aufatmen und sich erfrischen können: Orte der Gastfreundschaft und Kommunikation, des Zuhörens und Tröstens, der Hilfeleistung und des solidarischen Engagements und nicht zuletzt Stätten fürbittenden Gebets, wo die Brüder und Schwestern stellvertretend für andere vor Gott eintreten und sie „mitnehmen" auf dem Weg zu Gott. Diesen „Anruf" der Wüste hat P. Pierre Marie Delfieux, Gründer der so genannten Jerusalem Gemeinschaften, so formuliert:

„Deine Wüste ist jetzt in der Stadt. ... Im Herzen der Wüste schaffen gottgeweihte Menschen durch die Anstrengung des Gebets, durch Umkehr und Buße eine Oase. Wenn das lebendige Wasser der Gnade sprudelt, sieh, dass du es teilen kannst. Im Namen des heiligen Gesetzes der Wüste, im Namen der heiligen Verpflichtung zur Gastfreundschaft: Wenn du einem Durstigen begegnest, bring ihm Wasser! ..."[73]

5. Kirche als Oase

Von diesen Metaphern Wüste und Oase aus ergibt sich auch ein neuer Blick auf die Kirche. Als große Teile des alttestamentlichen Israel von Jahwe abgefallen waren, ließ Gott ver-

---

[73] Geht ihm entgegen. Geistliche Lebensregel, hrg. von den Jerusalem-Gemeinschaften durch Br. Pierre-Marie, dt. Freiburg i. Br. 1984, 114.

künden: „Ich will sie wieder in die Wüste führen!" (Hos 2,16). Das könnte auch ein klärendes Wort für heute sein! Denn die kirchliche Entwicklung der letzten Jahrzehnte lässt sich tatsächlich vom Bild der Wüste her deuten und verstehen.

Seit Jahren erleben wir den Zusammenbruch der bisher geltenden Sozialgestalt der Kirche: Überall zeigt sich in unseren Ländern eine schwindende Teilnahme am kirchlichen Leben, ein Abbruch in der kontinuierlichen Weitergabe des Glaubens an Kinder und Jugendliche sowie eine erschreckende Leere an Glaubenserfahrungen. Dazu kommt noch die dramatische Abnahme geistlicher Berufe und ein immer stärker werdender Verlust an kirchlicher Glaubwürdigkeit. Kurz: Alle Zeichen weisen darauf hin: Die Kirche wird zur Minderheit in einer ganz anders orientierten Gesellschaft.

Diese Situation weist gewissermaßen auf ein „Zurück" der Kirche vor jene geschichtliche Entwicklung hin, die sie aus der anfänglichen Minderheitssituation und Verborgenheit, also „aus der Wüste", ins sichere Haus gesellschaftlicher Erstplatzierung, Anerkennung und Universalkompetenz führte; es ist ein Zurück, ähnlich wie die Propheten Israel ein Zurück in die Wüste verordnet und angekündigt hatten, ein „Zurück", das sich dann in den langen Jahren der Verbannung und des Exils realisierte. Muss auch die Kirche wieder in die Wüste zurück?

Nun gibt es in der Geschichte kein simples Zurück. Es gilt vielmehr, nach neuen Wegen zu suchen, für die freilich die alten einen gewissen Anhaltspunkt, eine Ähnlichkeit, eine strukturelle Analogie bieten können. Und da besitzt in der Tat das Bild der Wüste eine hohe Plausibilität, um die jetzige Situation zu verstehen und mutig zu bestehen.

Zum Bestehen des Heute gehört in erster Linie die Anerkennung der gegenwärtigen „Wüsten"-Situation. Das ist nicht selbstverständlich. Denn weil die Wüstenexistenz nicht gerade behaglich ist, wird sie gern auf vielfache Weise verdrängt.

Möglichkeiten der Verdrängung sind, um es in Metaphern der Wüste zu formulieren:[74] simple Leugnung der harten Wirklichkeit (wie Vogel Strauß einfach den Kopf in den Wüstensand stecken), Rückkehr nach Ägypten (d. h. schnell raus und zurück aus der Wüste, um die alten Sicherheiten wiederzufinden!), Schuldzuweisung an andere (diese werden als Sündenböcke in die Wüste geschickt), Auf-Fata-Morganas-Setzen (d. h. Herausträumen aus der Wirklichkeit!) usw. All das sind Fehlwege. Denn so schreibt zu Recht B. Rootmensen:

„Der Wüste um uns herum und in uns kann man nicht entkommen. Sie verlangt außer Protest und Widerstand auch Annahme. Letzteres hat nichts mit Fatalismus zu tun, sondern vor allem auch damit, dass wir die Läuterung und die Herausforderung, die mit der Wüste verbunden sind, annehmen. Die erste Bedingung, um in der Wüste zu überleben und zu leben, ist, dass man Quellen lebendigen Wassers findet. In den Zeiten, in denen wir leben, lautet die Devise mehr denn je: Zu den Quellen!" [75]

Dieser Ruf „Zu den Quellen!" hat eine große Bedeutungsbreite. Es sei hier nur auf eine einzige Dimension aufmerksam gemacht: „Zu den Quellen!", das heißt, die Oasen finden, die bereits heute überall blühen, wenn man sich nur auf die Suche nach ihnen macht. Zwar steckt die Kirche unserer Länder gegenwärtig insofern in der Wüste, als sie ausgebrannt und leer ist sowie trostlos und verunsichert nach den rechten Wegen Ausschau hält. Aber das ist nur eine Seite der Wahrheit. Ganz abgesehen davon, dass die Kirche in anderen Regionen der Welt ganz vital blüht, finden sich in ihr auch bei uns höchst lebendige, ja von Leben sprühende Oasen: Einzelne sowie Gruppen, in denen der Glaube lebendig ist und in denen man ge-

---

74 Diese Metaphern sind entnommen B. Rootmensen, Vierzig Worte in der Wüste, Düsseldorf 1991, 16.
75 ebd.

meinsam das Evangelium zu verstehen und zu verwirklichen sucht; ein nie zuvor gekanntes Engagement von Laien für ihre und in ihren Gemeinden, ein vielfältiger sozialer Einsatz in und außerhalb der Kirche. Zahlreich, sehr zahlreich sind solche Oasen; man muss sie nur suchen, dann findet man sie auch.

Darüber hinaus könnte der Ruf „Zu den Quellen!" – „Zu den Oasen!" auch Bedeutung annehmen für die Struktur der Kirche, um deren Umgestaltung man sich derzeit überall bemüht. Doch sucht man bei allen Änderungen eine perfekte „Territorialisierung" zu bewahren und zu garantieren. Aber gerade darin war und ist noch die Kirche der profanen Gesellschaft angepasst: Der Aufgliederung in Kommunen als kleinster staatlicher Einheit entsprach die Pfarrgemeinde als kleinster kirchlicher Einheit – letzte Folge der so genannten konstantinischen Wende. Das war nicht immer so. Die Form einer flächendeckenden Seelsorgsstruktur wurde erst gegen Ende des 12. Jahrhunderts abgeschlossen. Bis dahin, also über 1000 Jahre lang, kam die Kirche auch ohne eine solche „Territorialisierung" aus. Und die heutige Form der Pfarrseelsorge gibt es ohnehin erst seit ca. 200 Jahren. Vielleicht drängen „Zeichen der Zeit" heute dahin, sich nicht mehr in erster Linie um eine flächendeckende, alles nivellierende und damit „milieuverengende" (Pfarr-)Gemeindebildung zu sorgen, als vielmehr um die Schaffung eines über die lokale Gemeinde hinausgehenden Netzwerks verschiedenster Gemeinschaftsformen. Die Kirche der Zukunft wird, wenn nicht alles täuscht, eine „Gemeinschaft von Gemeinschaften" sein. Auf dieser Linie plädiert Medard Kehl für „Pfarreien neuen Stils", „die von ihrer geographischen Lage, ihrer personellen Ausstattung und ihrer Tradition her ein deutlich geprägtes Profil haben, oder auch ... vergleichbare geistliche Zentren (Klöster und Ordenshäuser, Exerzitien- und Bildungshäuser, neue geistliche Bewegungen,

Wallfahrtsorte u. ä.)."[76] All das könnten geistliche Oasen sein, in denen sich das kirchliche Leben der Zukunft vorrangig abspielt. Damit sind wir wieder bei unserem Thema Oasen in der Wüste angekommen. Von der (geologischen) Wüste kann man lernen, dass alles Leben in der Wüste auf die Oase ausgerichtet ist. Hier holt man frisches Wasser, Verpflegung und, wenn man mit dem Wagen unterwegs ist, neuen Treibstoff, hier ruht man sich aus, wäscht sich wieder einmal richtig, isst gut und ausführlich. Die langen „Wüstenzeiten" zielen ganz auf die meist kurzen „Oasenzeiten" hin. Könnte das nicht auch ein Bild für künftige kirchliche Strukturen sein? Nicht: *eine* Kommune, *eine* Pfarrgemeinde, *ein* Pfarrer, sondern immer mehr „Oasen" = zentrale Orte, wo sich konzentriert geistliches Leben abspielen kann, wo man gemeinsam den Glauben feiert und gemeinsame Engagements plant, wo man geistlich „auftankt" und sein Herz ausschütten kann. Auf diese Weise kann Kirche in den Oasen neu erblühen und von solchen Oasen aus auf – buchstäblich! – anziehende Weise in die Wüste der Weltzeit hineinwirken.

Zum persönlichen Leben und zum Leben der Kirche gehört die Wüste, die freiwillig aufgesuchte und die aufgedrängte. In jedem Fall aber gelten von ihr Worte von Alfred Delp:

„Unsere Stunde ist die Stunde der Wüste noch. ... Die Wüsten müssen bestanden werden, die Wüsten der Einsamkeit, der Weglosigkeit, der Schwermut, der Sinnlosigkeit, der Preisgegebenheit." Doch „Gott, der die Wüste schuf, erschließt auch die Quellen, die sie in fruchtbares Land verwandeln."[77]

---

76 M. Kehl, Wohin geht die Kirche?, Freiburg 1996, 131. Siehe dazu auch G. Greshake, Priestersein in dieser Zeit, Würzburg ²2008, 219 f.
77 A. Delp, Gesammelte Schriften, Bd. IV: Aus dem Gefängnis, Frankfurt 1984, 223 f, 290.

Fünftes Kapitel
„In allen Dingen Gott finden"

Die Situation der Wüste, sei sie nun freiwillig aufgesucht oder leidvoll aufgezwungen, ist – wie wir sahen – ein Ort bzw. eine Situation besonderer Gottesnähe und Gotteserfahrung. Doch lässt Gott sich nicht nur in der Wüste finden. Seine Gegenwart erfüllt die ganze Schöpfung. Allerdings reicht das Wort „Gegenwart" nicht aus, um das zum Ausdruck zu bringen, um was es im Folgenden geht. Gott ist nicht nur überall „da", er zeigt sich auch in allem, im Kosmos und in jedem einzelnen Ding, er offenbart sich in allem, teilt sich in allem mit, geht in allen Dingen und Ereignissen der Welt auf uns zu. Deswegen ist die Welt auch mehr als nur der Ort seiner Gegenwart, sie ist Ort der Gotteserfahrung und Gottesnähe. Man kann auch sagen: Weil in der Welt Gott erscheint und sich uns gibt, ist sie „Sakrament Gottes".

1. Die Schöpfung – „Sakrament Gottes"?

Diese Überzeugung finden wir schon im Alten Testament in jenen Texten ausgedrückt, worin nicht nur und nicht erst die großen heilsgeschichtlichen Taten, sondern bereits die Schöpfung als ein Wort- und Ereigniszusammenhang beschrieben wird, in dem Gott sich selbst ausspricht und selbst auf den Menschen zugeht. Für Israel waren – wie Gerhard von Rad bemerkt – „die Erfahrungen von der Welt immer auch Gotteserfahrungen und die Erfahrung mit Gott Welterfahrung".[78] Und für das Neue Testament war es – wie noch gezeigt wird – nicht anders. Auf dieser Linie haben die großen Theologen seit frühester Zeit – angefangen von Tertullian und Augustinus über die Hochscholastik bis noch hin zu Luther – von einem zweifachen Buch der Gotteserfahrung, dem der Schöpfung und dem der Heiligen Schrift, gesprochen.[79] Die scholastischen Theologen des Mittelalters entwarfen Lehrkapitel von den Dingen als expressiones Dei, d. h. als Ausdruckszeichen Gottes. Sie entwickelten die Idee von „Natursakramenten", die den christlichen Sakramenten gewissermaßen zuvor und zugrunde liegen. Zusammenfassend für diese theologische Tradition kann ein Wort Bonaventuras stehen:

„Wer vom Glanz der geschaffenen Dinge nicht erleuchtet wird, ist blind; wer durch dieses laute Rufen der Natur nicht erweckt wird, ist taub; wer von diesen Wundern der Natur beeindruckt, Gott nicht lobt, ist stumm; wer durch diese Signale der Welt nicht auf den Urheber hingewiesen wird, ist dumm. Öffne darum deine Augen, wende dein geistiges Ohr ihnen zu ..., damit du in allen Kreaturen deinen Gott entdeckest, hörest, lobest,

---

78 G. v. Rad, Weisheit in Israel, Neukirchen-Vluyn 1970, 87.
79 Siehe dazu H. M. Nobis, Buch der Natur, in: HWPh I, 957–959 (Lit.). Für Luther vgl. nur seine Aussage, Gott habe das Kommen des Jüngsten Tages auch „in die Bäume geschrieben, nicht allein in die Bücher": WA 37, 616.

liebst, ... damit nicht der ganze Erdkreis sich anklagend gegen dich erhebe!"[80]

Entsprechend galt es immer als eine wichtige Wegmarke spirituellen Bemühens, Gott in der ganzen Weltwirklichkeit, vor allem in den Situationen des eigenen Lebens, zu suchen und zu finden. All das ist im Laufe der Neuzeit ein Stück weit der theologischen Aufmerksamkeit und dem christlichen Glaubensvollzug entglitten. Damit bahnten sich unheilvolle Konsequenzen an. Denn einer Welt, die nicht mehr als Ort und Medium der Offenbarung Gottes erfahren wird, die also im wahrsten Sinne des Wortes gott-los ist, entspricht auf der anderen Seite ein welt-loser Gott, der allenfalls nur noch über der Welt thront, aber eigentlich nichts mehr mit ihr zu tun hat. Ein solcher aber erwies sich im Verlauf der Neuzeit immer mehr und erweist sich heute vollends als ein unwirklicher, illusionärer Gott. Wo der Geist weltlos und die Welt geistlos wird, ist – so hatten es Philosophen wie Hegel, Schelling, von Baader schon vor mehr als 150 Jahren prophezeit – die „gottlose Auffassung beider" die logische Konsequenz.[81] Ganz auf der gleichen Linie bemerkt auch – um ein Beispiel aus der jüngeren Spiritualitätsgeschichte anzuführen – der Gründer der Schönstatt-Bewegung, P. Joseph Kentenich:

Wenn die Schöpfung „nicht mehr, nicht erneut und tief durchsichtig gemacht wird, anziehend gemacht wird, wenn nicht im Letzten immer wieder und wieder das göttliche Band, das von der Welt ausgeht, mit Gott uns verknüpft, dann sind wir morgen, übermorgen alle schlimmer als Heiden,

---

80 Bonaventura, Itinerarium I, 15 (Op. Omnia V, 299).
81 F. v. Baader, Ges. Schriften zur Philosophischen Anthropologie = Sämtl. WW IV, Aalen 1963 = Leipzig 1853, 297.

dann verlieren wir das Gut Gottes, den Gottesgedanken, den Gottesbegriff, die Gotteshingabe."[82]

Deshalb ist es von allerhöchster Wichtigkeit, die „alte Wahrheit" vom „Gott finden in allen Dingen" neu zu entdecken, zu begründen und geistlich zu praktizieren. Die Begründung für die grundlegende Wahrheit, dass uns in der Schöpfung Gott begegnet, hat dabei so zu erfolgen, dass sie prinzipiell auch neuzeitlichem philosophischem Denken einleuchtet, was nicht heißt: argumentativ bewiesen werden kann. Dies soll auf dem Weg einer Reflexion auf das, was ein Symbol ist, geschehen.

2. Leib als Symbol des Menschen

Der erste Satz einer Symbol-Ontologie lautet: „Das Seiende *ist*, indem es sich ausdrückt." Diese – scheint's – so abstrakte Aussage lässt sich ohne weiteres an der Erfahrung mit uns selbst konkretisieren: Auch unser „Ich" *ist* nur, indem und insofern es sich ausdrückt = sich symbolisiert und in diesem Ausdruck, „symbolum", für sich und für andere da ist. Denn allein dadurch, dass ich aus meinem geistig-seelischen Innenraum gleichsam herausgehe und mich nach außen in und durch meinen Leib, also sichtbar, hörbar, fühlbar, ausdrücke, bin ich für andere da, kann ich anerkanntes Glied der Kommunikationsgemeinschaft freier Subjekte werden und Gemeinschaft mit ihnen eingehen. Und nur so werde ich auch meiner selbst erst vollends gewahr und gewärtig und finde mein wahres Bei-mir-selbst-Sein. Ganz konkret: Dass ich als Autor und Sie als Leser miteinander umgehen können, beruht darauf, dass jeder

---

82 J. Kentenich, Causa Secunda. Textbuch zur Zweitursachenlehre bei P. Joseph Kentenich, Freiburg 1979, 204.

von uns sich in seinem Leib ausdrückt (ich durch das leibhaftig angefertigte und dann gedruckte Manuskript dieses Buches, Sie durch Ihr sinnenfälliges Lesen); so können wir in diesem und durch diesen „Ausdruck" unseres Leibes einander begegnen und Beziehung miteinander aufnehmen. Somit zeigt sich: Urausdruck, Ursymbol meines innersten Seins – und das ist letztlich mein freies Subjektsein – ist mein Leib samt den damit gegebenen leiblich-sinnenhaften Vollzügen.

Dieser „Ausdruck", der notwendig zum Vollzug menschlicher Freiheit gehört, hat nun aber eine eigenartige dialektische Struktur: Der Leib, in dem ich mich ausdrücke, ist einerseits mit meinem innersten Sein nicht völlig identisch. Ich bin nicht *schlechthin* mein Leib. Denn ich kann mich von meinem Leib distanzieren, mich in ein so oder anders geartetes Verhältnis zu ihm setzen, ja, in gewissem Maße mich sogar im Leib verbergen (z. B. in Lüge, Heuchelei, „Theaterspielen" voreinander). Und doch ist der Leib Ausdruck meiner selbst, bin ich in ihm und durch ihn für andere und für mich da. Wenn ich einem andern die Hand gebe, gibt nicht mein Leib einem andern die Hand, sondern *ich selbst*. Wenn ich meinen Leib aus Liebe für einen andern hingebe, gebe *ich* mich hin. Ich bin also nicht eine andere Größe hinter meinem Leib, sondern stelle mich in ihm dar, gebe mich in ihm, so dass via Leib die anderen wirklich mir begegnen können. Der Leib, Ausdruck meines tiefsten Selbst, meiner Freiheit ist – kurz gesagt – Mittel meiner Selbstoffenbarung und Selbstgabe.

Dieser mein symbolischer Selbstausdruck erfordert nun aber auf der Seite des mich vernehmenden Anderen notwendige Entsprechungen.

Erstens: Die sich „symbolisch" darstellende Freiheit kann vom andern nicht einfach objektivierend erkannt, sie muss *anerkannt* werden. Nur ein Akt freier Anerkennung lässt durch den Ausdruck des Leibes hindurch das freie Subjekt selbst ansichtig werden, Voraussetzung für jede personale Begegnung. Wird dagegen die Anerkennung verweigert, weil man im andern nur „Leib" sieht und damit nur hochkomplexe materielle Mechanismen – Tendenzen einiger heutiger Gehirnforscher –, kann es nie zur Kommunikation freier Subjekte kommen. In dieser Anerkennung der Freiheit muss sich die Vernunft als vernehmend-empfangende Vernunft konstituieren. Denn wenn das, was im Symbol des Leibes erscheint, als Ausdruck von Freiheit zu verstehen ist, ist der kantische Begriff der theoretischen Vernunft, wonach diese „nur das einsieht, was sie selbst nach ihrem Entwurfe hervorbringt", unbrauchbar. Wenn Freiheit sich symbolisch äußert, muss ich sie erscheinen *lassen*, das heißt: dann kann und darf ich nicht, ohne sie zu vergewaltigen, und das heißt: ohne die Anerkennung der Freiheit zurückzunehmen, den Entwurf, den ich vom andern habe, also mein eigenes Bild und Gleichnis in dessen symbolischen Ausdruck hineinlegen. Im Vernehmen von Freiheit, und das heißt: in ihrem höchsten Vollzug, ist meine Vernunft nicht – wie Kant sagt – „bestallter Richter", sondern schlechthin „Schüler".[83]

Zweitens: Wo Freiheit als solche anerkannt wird, erkenne ich eo ipso an, im Ausdruck dieser Freiheit ihr selbst unmittelbar zu begegnen. Es war schon davon die Rede: Keiner wird sagen, im Händedruck habe sein Freund ihm ein Glied seines Leibes gereicht, vielmehr: er selbst habe ihn mit Handschlag begrüßt. Und kein Ehemann wird sagen, er habe es in der ehelichen Begegnung nur mit dem Leib seiner Frau zu tun, vielmehr: er habe es mit ihr zu tun. Freilich, an diesem Beispiel wird auch nochmals deutlich: Wenn Freiheit nicht als solche anerkannt wird, begegnet man in deren symbolisch-leibhaftigem Ausdruck nur dem dinghaften und deshalb womöglich sogar

---

83 Siehe I. Kant, Kritik der reinen Vernunft, B XIII = WWW Weischedel III, 23.

käuflichen Leib, wie es etwa der Leib einer Prostituierten ist. Deshalb gilt: Da, und nur da, wo der andere in seinem symbolischen Ausdruck als freies Subjekt anerkannt wird, kann man im Ausdruck ihm selbst unmittelbar begegnen.

Diese Beobachtungen aus unserer Erfahrung können nun eine Analogie dafür bieten, das Verhältnis Gott – Schöpfung besser zu verstehen und einsichtig zu machen.

3. Schöpfung als Symbol Gottes

Man könnte meinen, die gefundene Einsicht, wonach das Subjekt nur ist, wenn und insofern es sich ausdrückt, gälte lediglich vom Menschen, da es zur Seinsschwäche des endlichen Seins gehöre, dass da eine Differenz zwischen dem Subjekt selbst und dem Ausdruck des Subjekts besteht. Doch spätestens vom Trinitätsglauben her geht uns auf, dass die Differenz von Selbstsein und Ausdrucksein auch zur Vollkommenheit Gottes gehört. Denn im Sohn als seinem Bild drückt Gott sich auf vollkommene Weise aus. Und so gehört auch zum höchsten Seinsvollzug, dem Gottes, die Differenz von Für-sich-selbst-Sein und Sich-Ausdrücken. In dieser Differenz, in der Gott sich in seinem Wort ausdrückt, gründet auch die Möglichkeit, dass Gott sich in Freiheit ebenso auf endliche Weise, in der sichtbaren Schöpfung, ausdrückt, gleichsam als Fortsetzung dieses innergöttlichen Ausdrucks. Auf dieser Linie wird in der Theologiegeschichte in unzähligen Variationen ein Wort Anselms von Canterbury wiederholt: „In ein und demselben Wort [dem Sohn] sagt Gott sich selbst aus und das, was er gemacht hat."[84] So gesehen, sind die geschaffenen Dinge

---

84 Anselm v. Canterbury, Monologion, 33 (ed. Schmitt I, 53).

„verba in Verbo et de Verbo", das heißt: Worte Gottes im göttlichen Wort und vom göttlichen Wort her.[85]

Daraus folgt: Das, was anfangs über den Leib des Menschen als Symbol und Ausdrucksgestalt seines Innersten entfaltet wurde, gilt analog, d. h. sowohl in Ähnlichkeit wie auch in größerer Unähnlichkeit, vom Verhältnis Gott – Schöpfung. Die Welt ist Ausdruck Gottes, ähnlich dem, wie wir uns in unserem Leib ausdrücken. Doch nehmen wir zunächst die Unähnlichkeit in den Blick: Die Schöpfung ist nicht in *der* Weise sichtbarer Ausdruck Gottes, wie unser Leib Symbol unserer selbst ist. Und Gott ist nicht die Weltseele, die sich in der Schöpfung als ihrem Leib ausdrückt. Kongenialer Ausdruck des unendlichen Gottes ist allein der Logos, das göttliche Wort. Hingegen ist die Schöpfung als endliches Symbol Gottes durch einen unendlichen Abstand vom Schöpfer geschieden, so dass sie nur eine höchst unvollkommene Manifestation Gottes sein kann. Deshalb bleibt Gott auch der grundsätzlich und wesenhaft in der Schöpfung Verborgene.

Und dennoch! Trotz dieser fundamentalen Unähnlichkeit bleibt wahr, dass auch die Schöpfung als „Wort im göttlichen Wort" Selbstausdruck Gottes, Symbol oder – sagen wir es in theologischer Begrifflichkeit – „Sakrament Gottes" ist. Sie ist vergegenwärtigendes Zeichen und realer Ausdruck seines innersten Wesens, was gleichzeitig heißt, dass die anfangs skizzierten Strukturen einer Symbol-Ontologie auch vom Verhältnis Gott – Schöpfung gelten. Genau diese Einsicht bringt erst wichtige Aussagen der Heiligen Schrift zum Leuchten und wird so auch ihrerseits von der Schrift her bestätigt.

---

85 Siehe Thomas v. Aquin, ScG IV,13. Vgl. auch mit vielen weiteren Belegen W. Kern, Zur theologischen Auslegung des Schöpfungsglaubens, in: MySal II, 489.

Auch die Schöpfung ist als „Ausdruck", als „Sakrament Gottes" durch eine höchst dialektische Bestimmung gekennzeichnet: Sie ist und bleibt das „Andere" Gottes, ja – weil sie endlich ist – sogar das radikal Andere. Und Gott ist der radikal Andere gegenüber der Schöpfung. Diesen Abstand zwischen Gott und Schöpfung artikuliert die Heilige Schrift auf unendlich viele Weisen, so dass darauf nicht eigens eingegangen werden muss. Auf der anderen Seite aber *ist* die Schöpfung wirklich Ausdruck Gottes, er selbst zeigt sich in ihr, kommt in ihr auf uns zu, gibt sich in ihr, er selbst und nicht etwas von ihm Verschiedenes. Denn – so finden wir in der Heiligen Schrift – Himmel und Erde, Tag und Nacht sind Träger eines lautlosen Wortes Gottes, das nach Ps 19 auf der gleichen Ebene liegt wie das verlautete Wort des göttlichen Gesetzes. In den Ereignissen der Natur wird die Stimme Gottes vernehmbar und seine Macht und Lebensfülle offenbar (Ps 29; 50; 97). In der Schöpfung leuchtet seine Weisheit auf, welche im Weisheitsbuch 7 „Abglanz des ewigen Lichtes, makelloser Spiegel des Wirkens Gottes und Abbild seiner Güte" genannt wird. Kurz: „Die ganze Erde ist wahrhaft voll der Herrlichkeit Jahwes", die alle zu erkennen vermögen (Num 14,21). „Die Erde ist erfüllt von der Huld des Herrn" (Ps 33,5), ein Vers, von dem der Alttestamentler Rolf Knieriem sagt, dass er als die „Wesensqualifikation" der Schöpfung verstanden werden muss.[86] Weil die Schöpfung „theophanisch" – „Gott erscheinen lassend" ist (R. Knierim), kann Gott in den so genannten Gottesreden des Buches Ijob sogar seiner Schöpfung das Wort geben, um ihr sozusagen die Aufgabe zu überlassen, Ijob eines Besseren zu belehren.[87]

---

[86] R. Knierim, Cosmos and History in Israel's Theology, in: Horizons in Biblical Theology, hrg. v. U. Mauser, Pittsburg u. a. 1961, 96.
[87] So: v. Rad, Weisheit 113.

Das gilt nicht nur vom Alten, sondern auch vom Neuen Testament. In den Evangelien wird deutlich, „wie nachdrücklich" – so Günter Bornkam – „Jesus den Hörenden auf die Schöpfung verweist, wie er sie zum Reden bringt und zur Predigerin Gottes macht"[88]. Die Lilien auf dem Felde, die Spatzen in der Luft, Sonne und Regen, das Wachsen der Saat, der Wechsel der Jahreszeiten – all das ist bei Jesus transparent für Gott und sein Handeln. Jesus ist es auch, der in seinen Gleichnissen aufzeigt, wie in der Schöpfung bereits die endgültige Verheißung des Reiches Gottes aufleuchtet. Und in der Tat: Insofern die endlichen Dinge Ausdruck des unendlichen Gottes sind, stehen sie notwendig in Bewegung, sind sie gleichsam wie Gefäße, die ständig überlaufen von einem Größeren her, auf das sie verweisen.

So ist die Schöpfung wahrhaft Ausdruck Gottes, Symbol seiner Herrlichkeit, Verlautbarung und Verheißung seines Heils, kurz: Sie ist Sakrament seiner Selbstoffenbarung und damit für uns Medium für Gotteserfahrung und Gottesbegegnung. In ihr sind mithin nicht nur dunkle Hinweise auf Gott zu finden, sondern in ihr offenbart er sich selbst, wie es ausdrücklich in Röm 1,19 heißt: „Ist doch, was sich von Gott erkennen lässt, offenbar. Gott selbst hat es kundgetan. Denn sein unsichtbares Wesen, seine ewige Macht und Göttlichkeit sind seit der Erschaffung der Welt an seinen Werken zu erkennen."

Es geht aber nicht nur um Selbstoffenbarung, sondern auch um Selbstgabe Gottes. Denn er selbst ist es, der nach der Schrift allen das Leben gibt, Speise und Trank austeilt, regnen und die Sonne scheinen lässt über Gerechte und Ungerechte, der also seine Liebe, Sorge und Zuwendung den Menschen erweist. In seinen Gaben gibt Gott sich selbst, so, wie der Mensch in einem freundlich überreichten Rosenstrauß dem andern nicht

---

88 G. Bornkamm, Jesus von Nazareth, Stuttgart [8]1968, 108.

einfach nur eine materielle Gabe, sondern seine Liebe, also sich selbst, schenkt.[89] Wie es freilich im Ausdrucksfeld menschlicher Freiheit verschiedene Stufen der Intensität gibt – anders gebe ich mich in einem Händedruck, anders im Opfer meines Lebens –, so ist auch die Intensität der Offenbarung Gottes anders in der Schöpfung und anders in seiner Geschichte mit den Menschen, die in der Hingabe des eigenen Sohnes aufgipfelt. Aber diese Differenz ist bei aller Bedeutsamkeit unterfangen vom Faktum, dass es sich bei beidem um Selbstoffenbarung und Selbstgabe Gottes handelt. Es ist – nach einer schönen Formulierung des Nikolaus von Kues – die „eine große Stimme, die sich jahrhundertelang ununterbrochen gesteigert hatte und am Ende einer langen Reihe von Modulationen endlich Menschengestalt angenommen hat"[90]. Hiernach steht also nicht eine „eigentliche" biblisch-geschichtliche Wortoffenbarung gegen eine „nur" metaphorische Schöpfungsoffenbarung, vielmehr ist auch schon die Schöpfung Wort Gottes, eine Modulation des Wortes Gottes. Man braucht nicht einmal aus lauter Angst vor einem pantheistischen Missverständnis vor der Aussage von der Schöpfung als dem „Leib Gottes" zurückzuschrecken. Sagten doch selbst viele Scholastiker – auch Thomas von Aquin – in einem vorsichtigen Vergleich, dass Gott der Welt innewohnt wie die Seele dem Leib, und zwar „durch seine Gegenwart, Macht und sein Wesen" (STh I, 8,2 ad 3). Allerdings ist bei solchen und ähnlichen Aussagen mitzubedenken, dass die Schöpfung ein endlicher „Leib", eine endliche Ausdrucks-

---

89 Vgl. J. Splett, Gottes Freiheit und die Kontingenz der Schöpfung, in: Ph. Schmitz (Hrg.), Macht euch die Erde untertan!, Würzburg 1981, 54: „Vor allem näheren Was und Wie zeigt die Tat-sache, *dass* es sie [die Schöpfung] gibt, eben dies, dass *Er gibt.*"
90 Nikolaus v. Cues, aus den: Excitationes 3, Basel 1565, 411f, zit. nach H. de Lubac, Glauben aus der Liebe, dt. Einsiedeln 1970, 405.

gestalt des unendlichen Gottes ist und bleibt. Deshalb hat die bisherige theologische Tradition meist stärker die Differenz von Gott und Welt herausgestellt. Diese Hervorhebung der Differenz geschah und geschieht gewiss zu Recht. Denn nur wo Differenz ist, kann ein Dialog geführt werden, kann Gott die Kreatur anreden – durch die Kreatur, wie es Johann Georg Hamann sehr schön zum Ausdruck bringt.[91] Und die emphatische Hervorhebung der Differenz ist dort von äußerster Dringlichkeit, wo die Gefahr besteht, endliches Zeichen und unendlich Bezeichnetes zu identifizieren und so die wesenhafte Transzendenz Gottes zu verkennen, dessen Unendlichkeit die Endlichkeit der geschöpflichen Zeichen sprengt. Und dennoch ist die Schöpfung nicht nur das vom transzendenten Gott Verursachte und ins Eigene Gesetzte, sondern das – in der Differenz des Freigesetztseins – als Ausdrucksgestalt auch bei sich Behaltene.

Darum ist „die Welt als Ganzes und jedes einzelne Sein und jede einzelne Wahrheit in ihr ein echtes Hervortreten Gottes", wie Hans Urs v. Balthasar bemerkt.[92] Die geschöpfliche Zeichenwirklichkeit, in der er sich ausdrückt,

> „ist für ihn keinerlei Hindernis, das zu sagen, was er sagen will. Zwischen Inhalt und Ausdruck besteht kein Zwischenraum, weil der Ausdruck ganz vom Offenbarenden herkommt und vom Inhalt, den er ausdrücken soll, bestimmt ist. ... Darum kann in der Schöpfung Gottes Wesen unbehindert transparent werden, so sehr, dass der Betrachter der weltlichen Dinge durch das Bild hindurch auf das Urbild schauen und dabei vergessen

---

91 Ein Wort von ihm lautet: „Der Mensch spricht zu Gott: ‚Rede, dass ich dich sehe!' – dieser Wunsch wurde durch die Schöpfung erfüllt, die eine Rede an die Kreatur durch die Kreatur ist": Dieses Zitat ist belegt und kommentiert bei O. Bayer, Schöpfung als „Rede an die Kreatur durch die Kreatur", in: EvTh 40 (1980) 316–333.

92 H. U. v. Balthasar, Theologik I, 266.268 (mit Verweis auf Thomas v. Aquin, De Ver. 8,3, ad 18). Auch die folgenden oben angeführten Balthasar-Texte finden sich an dieser Stelle.

kann, dass er dieses nicht unmittelbar, sondern im Spiegel der Kreatur erblickt". So wie ein Mensch vermittelt durch den Leib dem andern unmittelbar ist, so wird die Bildhaftigkeit der weltlichen Dinge „so sehr zu ihrem wahren Wesen, und das Bild selbst so transparent, dass Gott darin wie unmittelbar ... herausleuchtet. Es ist dies die besondere Form der Intuition, die in der symbolischen Erkenntnisform liegt, und die in einer psychologischen Unmittelbarkeit des Oberganges über das immer noch vorhandene ontologische Zeichen (medium quo) hinweg besteht." Deshalb gilt von den geschaffenen Dingen: „Gott spricht aus ihnen, Gott zieht den Betrachtenden durch sie zu sich, Gott lehnt sich gleichsam aus diesen Augen der Welt heraus, um den von der Schönheit der Dinge Verrückten unmittelbar anzuschauen."

Wo der Mensch diesen Ausdrucks- und Symbolcharakter des Geschaffenen beachtet und die Welt als Sakrament Gottes anerkennt, ist ein völlig anderer und nach christlichem Glauben erst angemessener Ausgangspunkt zum Umgang mit der Welt gegeben. Sie ist nicht einfach ein „neutraler Ort", sondern Aussage Gottes, der mich in ihr und durch sie anruft.

An diesen Verstehensansatz stellt sich aber nun – neben anderen Problemen – eine Grundfrage.

4. Schöpfung als „Welt"

Wir haben bisher außer acht gelassen, dass die Schöpfung, in der Gott sich selbst ausdrückt, nichts in sich Ruhendes und Fertiges ist, so wie ein Gemälde, in dem ein Künstler sich selbst einmal für immer ausgedrückt hat; vielmehr ist die geschaffene Welt ein bewegtes Energiefeld, in dem alle Dinge eine eigenständige Ursächlichkeit haben, kraft derer sie sich selbst organisieren und ständig Neues hervorbringen. Am deutlichsten ist dies im Blick auf die menschliche Freiheit, die immer wieder neue Wirklichkeit setzt und in die vorgegebene Schöpfung gestaltend eingreift. Die Welt, die wir tagtäglich erfahren, ist also nicht eine allein aus den Händen Gottes hervorgehende Wirklichkeit und damit unmittelbarer göttlicher Ausdruck, sondern zugleich ein offenes System, in dem auch alles Geschaffene, vor allem die menschliche Freiheit, sich selbst ausdrückt. Das heißt: Faktisch begegnet uns die Schöpfung als Geschichte, als „Welt". Wie kann da noch die These von der Schöpfung als Ausdrucksgestalt Gottes gerettet werden? Gilt sie etwa nur für die vom Menschen unberührte Schöpfung? Nun ist die Idee einer unberührten Schöpfung allenfalls eine romantische, keine theologische Idee. Schon im ersten Ansatz ist die Schöpfung für den Menschen da, ihm übergeben. Im gestaltenden Umgang mit ihr soll der Mensch Gott ent-sprechen, ja, am kreatorischen Menschen, Bild des Creator-Gottes, soll noch einmal neu die Herrlichkeit Gottes erstrahlen. So ist die neuzeitliche abstrakte Differenzierung zwischen einer geschichtslosen Natur und einer womöglich naturlosen Geschichte theologisch völlig unbrauchbar. Das, was wir bisher Schöpfung nannten, ist nicht etwa mit „unberührter Natur" zu identifizieren, sondern sie umgreift als das dem Menschen ständig von Gott Vorgegebene sowohl das, was Natur, wie auch das, was Geschichte heißt.

Von hier fragt sich noch einmal: Wie kann die Schöpfung als Ausdruck Gottes erfahren werden, wo sie doch zugleich auch Selbstausdruck des Menschen, womöglich sogar – im Falle der Sünde – Selbstausdruck des Menschen gegen den Selbstausdruck Gottes ist?[93]

Gehen wir dafür wieder von einer phänomenologischen Betrachtung des Menschen aus: Der Mensch drückt sich selbst nicht nur in seinem Leib aus, sondern auch, ja sogar in ganz ho-

---

[93] Wir sehen hier einmal davon ab, dass die Schöpfung auch Ausdruck der Dinge ist, und erörtern das Problem an seiner schwierigsten Zuspitzung, nämlich im Hinblick auf den Menschen.

hem Maß, durch die freie Wahl seiner Freunde, durch sein freigewähltes Kommunikationsnetz mit anderen Freiheiten. „Sage mir, mit wem du umgehst, und ich sage dir, wer du bist!", sagt schon die Volksweisheit. Freunde sind Ausdruck meiner selbst, in ihnen stelle ich mich selbst dar, durch sie kann ich selbst für andere da sein. Das entspricht auch dem wichtigen aristotelischen und von der Scholastik übernommenen Prinzip: „Was wir durch Freunde vermögen, ist in gewisser Weise unser eigenes Tun. Denn das die Freunde bewegende Prinzip sind wir."[94] Ja, im Freund bin ich nicht nur den anderen, sondern auch mir selbst in neuer, bereicherterer Weise gegeben, da mir in ihm und durch ihn neue Möglichkeiten des Seins, der Selbstdarstellung und des Selbstwirksamwerdens zuwachsen. Zugleich freilich drückt sich der Freund auch auf seine ihm eigene, freie Weise aus. Wie verhalten sich Selbstausdruck und Ausdruck des Freundes zueinander? Kurz: Solange und insofern der Freund wirklich mein Freund ist und sich als Teil des gemeinsamen „Wir" unserer Freundschaft versteht, wird er sich so darstellen und so handeln, dass ich mir seinen Ausdruck zu eigen machen kann, so dass dann sein persönlicher Selbstausdruck zum gemeinsamen Ausdruck unseres Wir wird. Diese kleine Beobachtung kann auch ein Licht werfen auf unser Problem.

Der Mensch ist von Gott erwählt und ermächtigt, Freund, Partner, Repräsentant Gottes zu sein. In jedem Einzelnen will Gott sich in der Welt für die Welt ausdrücken, und darum ist auch der Mensch im emphatischen Sinn Bild Gottes für die anderen. Ja, in und durch den Menschen ist Gott sich selbst neu gegeben, insofern er sich in Freiheit als „Gott der Menschen", d. h. auch als Gott für die Menschen und durch die Menschen konstituiert. Daraus folgt: Insofern der Mensch Freund Gottes

---

[94] Aristoteles, Nikom. Ethik 3,5, zit. z. B. in Thomas v. Aquin, STh I/II, 109, 4 ad 3.

ist und bleibt, insofern er der Erwählung und Befähigung durch Gott ent-spricht, macht Gott sich den Ausdruck seiner Freunde zu eigen, so dass das, was die Geschöpfe sind und wirken, zugleich vermittelte und vermittelnde Selbstoffenbarung und Selbstgabe Gottes ist. Noch zugespitzter: Der Freund Gottes ist im Maße seines Freundseins die Vermittlung zur Unmittelbarkeit Gottes. Auch diese Aussage ließe sich biblisch noch weiter begründen und entfalten. Jedenfalls zeigt sich: Die geschaffene Welt als Ganzes (die neuzeitliche Differenzierung von Natur und Geschichte umgreifend) ist Ausdruck Gottes, auch und gerade da, wo – traditionell gesagt – menschliche Ursachen mit im Spiel sind.

All das steht aber nun unter der qualifizierenden Klammer, dass der Mensch tatsächlich Freund Gottes ist und ihm entspricht. Was aber ist, wenn er sich kraft seiner Freiheit vom Schöpfer abwendet und sein Ausdruck nicht mehr auf ihn verweist, sondern nur noch Expression seiner Verweigerung ist, wenn der Mensch sich und die Schöpfung so pervertiert, dass sie sich nicht mehr als „Leib" Gottes darstellt, sondern nur noch – nach einem berühmten Wort von Pascal – „so ist, dass sie überall auf einen verlorenen Gott hinweist ... und auf eine verdorbene Natur"[95]? Ist dann der Transparenzcharakter der Schöpfung dahin?

5. Die Entfremdungsgestalt der Welt als Sakrament des gekreuzigten Gottes

Antwort darauf gibt hier wohl nur das Christusereignis, genauer das Kreuzesgeschehen. In Jesus Christus nämlich wird uns die wahrlich umwerfende, vom Menschen unerfindbare

---

[95] B. Pascal, Gedanken, hrg. v. W. Rüttenauer, Wiesbaden o. J., 106 = Fr. 236.

Zusicherung gegeben, dass Gott sich auch noch einmal die durch den Menschen verunstaltete Schöpfung zu eigen macht. „Ihn, der die Sünde nicht kannte, hat Gott für uns zur Sünde gemacht" (2 Kor 5,21). „Er trug unsere Sünden an seinem Leib [an seiner Ausdrucksgestalt!] selbst auf das Holz hinauf" (1 Petr 2,24). Der Logos nimmt nicht einfach „Fleisch" an, sondern „das Fleisch der Sünde" (Röm 8,3), d. h. das durch die Sünde verunstaltete Fleisch. Er nimmt den Fluch der Sünde auf sich (Gal 3,13) und damit zugleich die Verunstaltung der Schöpfung, den Tod, die Gottesferne, so dass an ihm wahrhaftig „keine Schönheit und keine Gestalt mehr ist" (Jes 53,2). Er macht alles zum freigewählten Ausdruck seiner selbst, ja zu äußerster Offenbarung und Gabe seiner Liebe, nicht um dadurch das Negative zu bestätigen und zu belassen, sondern um im Durchtragen dessen Kraft zu brechen.

Weil damit Sündenlast und Not, Leiden und Tod zu (frei gewählten) „Prädikaten Gottes" geworden sind, gewinnt im Licht des Glaubens an den Gekreuzigten alles Negative dieser Welt einen neuen Transparenzcharakter. Es wird zum sakramentalen Zeichen der besonderen Gegenwart und Nähe Gottes. In der Erfahrung des „Todesleidens" kann das „Leben Jesu" offenbar werden (vgl. 2 Kor 4,10 f); in der Begegnung mit dem Notleidenden und Hilflosen kann man den Sohn Gottes selbst treffen (vgl. Mt 25,31 ff). Und wer den „letzten Platz" in seinem Leben zu erfahren glaubt, weiß, dass dieser immer schon überboten und umfangen ist von der noch größeren Entäußerung Gottes.

Deshalb ist aber auch für den, der sich vom Glauben an Jesus Christus her die Weise für die Wahrnehmung der Welt anweisen lässt und bei dem die durch die Sünde verstopften Ohren und verblendeten Augen durch das Wunder der Gnade geheilt wurden, *alles* in der Welt, alles, nicht nur das Schöne, Gelungene und Herrliche, sondern gerade auch das Misslungene und

Gescheiterte, das in Agonie Liegende und Todgeweihte ohne Ausnahme transparent, es ist symbolum und sacramentum für einen Gott, der in seinem äußersten Selbstausdruck Jesus Christus alles als Zeichen seiner Liebe angenommen und unter die Verheißung endgültiger Auferstehung gestellt hat. So zeigt sich Gott nicht nur als der „Deus semper maior", sondern auch als der „Deus semper minor", als der Schöpfer, der sich auch in der Sünden- und Todesgestalt ausdrückt und zu finden ist als der Mit-Leidende, als der All-Solidarische und All-Liebende. Die ganze Macht des Negativen, Brutalität, Scheitern und Schuld vermag also nicht die Welt als Begegnungsort von Gott und Mensch auszuschalten; in allem, im Positiven wie im Negativen, selbst paradoxerweise in der scheinbaren Abwesenheit der Gotteserfahrung, ist Er zu vernehmen. Ja, für den Glaubenden kann auch die Erfahrung der Gottesferne zum Symbol Gottes werden, wie es die Biographie mancher Heiliger zeigt. Deshalb steht auch Schöpfungstheologie nicht kontra Kreuzestheologie, sondern beide sind miteinander integrierbar. Von dieser Integration geben gerade die Heiligen beredte Kunde. Es ist ja auffällig, dass besonders diejenigen, die am pointiertesten das Ärgernis des Kreuzes erfuhren und herausstellten, ein geradezu emotionales Verhältnis zur Schöpfung und zu deren Transparenzcharakter besaßen. Es ist hier nur an Franz von Assisi, Johannes vom Kreuz und Charles de Foucauld zu erinnern.

6. Wie geht das praktisch: „Gott finden in allen Dingen"?

Wenn man nach den praktischen Bedingungen fragt, unter denen die Welt als Ausdruck und Symbol Gottes, als „Sakrament" transparent werden und darin Gott erfahrbar machen kann, so ist vor allem hervorzuheben: Wenn die Schöpfung von Gott als endlicher Ausdruck seiner Göttlichkeit gewollt ist, wenn also ihre Wirklichkeit von vornherein Zeichenwirklichkeit ist, dann lautet das erste Problem nicht, wie *ich* via Schöpfung Gott finden, wie *ich* dunkle Andeutungen in ihr enträtseln und seine Spur in ihr entdecken kann. Vielmehr bin ich durch die objektive Symbolgestalt der Welt und durch meine subjektive Fähigkeit, Symbole zu verstehen, immer schon von Gott angegangen. „Er ist doch nicht fern einem jeden von uns, denn in ihm leben wir, bewegen wir uns und sind wir" (Apg 17,28). Bevor wir zu suchen beginnen, hat er uns schon gefunden und wartet darauf, dass wir uns ihm zuwenden. Wir brauchen „nur noch" unsere Augen und Ohren zu öffnen und zu vernehmen. Mit den Worten der Schrift gesagt: Die in der Schöpfung verkörperte Weisheit Gottes hat sich immer schon wie eine Liebende zum Menschen auf den Weg gemacht, sie wartet schon vor seiner Tür (Sir 15,21). Und darum: „Wer nach ihr ausschaut, braucht sich nicht abzumühen" (Weish 6,14).

Wenn dennoch die Welt für so viele Menschen heute stumm ist und Gotteserfahrung verweigert, so kann der Ausfall solcher Erfahrungen – grundsätzlich gesehen – nur von der Art sein, wie Paulus sie beschreibt: Es ist ein unentschuldbares Niederhalten der Wahrheit Gottes, die jedem offenbar ist (vgl. Röm 1,18.20). Allerdings betrifft diese Unentschuldbarkeit nicht unbedingt den Einzelnen, sondern vor allem die Atmosphäre, das Klima und den Stil ganzer Epochen und Zivilisationsräume. Während z. B. vor einigen Jahrzehnten über die Religiosität Afrikas ein Buch erscheinen konnte mit dem bezeichnenden Titel „Alle Dinge erzählen von Gott"[96], trifft für

---

96 O. Bimwenyi-Kweshi, Alle Dinge erzählen von Gott, Freiburg i. Br. 1982. – Für das symbolische Denken afrikanischer Religiosität vgl. auch H. Rückert, „Afrikanische Theologie, Innsbruck-Wien 1985, bes. 158–190.

unsere Länder wohl eher das pascalsche Wort vom erschreckenden „ewigen Schweigen dieser unendlichen Räume" zu.[97] Aber ist dieses Schweigen nicht auch Folge davon, dass wir jene Vorbedingungen nicht erfüllen, aufgrund deren überhaupt die Welt als Symbol und Sakrament Gottes erfahren werden kann? Da, wo der Mensch sich nur als Herrscher und Bemächtiger der Welt gegenüberstellt, wird ihre theologische Aussage verdeckt. Und da, wo sich menschliche Vernunft nur versteht als eine die Wirklichkeit präparierende und beherrschende Vernunft, ist sie kein „Organ", um Symbole zu verstehen und Ausdruck von Personalität und Freiheit zu vernehmen. So kommt es, dass wir das Sehen verlernt und uns stattdessen – nach einem Wort von Bert Brecht – „das Glotzen" angewöhnt haben. Erst da, wo der Mensch danach verlangt, es einübt und praktiziert, in allem Begegnenden mehr anzutreffen als nur purem objektiven Vorhanden- und Zuhandensein für sich selbst, erst wo er in Freiheit in und hinter den Dingen der Welt Freiheit erkennt und anerkennt, erst wo die Vernunft zu ihrer höchsten Möglichkeit gebracht wird, indem sie sich als Freiheit vernehmende Vernunft in Freiheit konstituiert, erst da vermag der Mensch auch die Welt als sakramentalen Ausdruck der göttlichen Freiheit zu vernehmen, erst dann sind jene Bedingungen erfüllt, Gott in allen Dingen zu finden.

Darum ist es ein spirituelles Bemühen ersten Ranges, wieder das wirkliche Sehen und Hören zu lernen und sich darin einzuüben, den Symbol- und Ausdruckscharakter der Welt zu vernehmen. Es ist schon seltsam: Während das unmündige Kind noch alle Dinge spontan mit Du anredet – und eben hierin die ursprünglichste Anlage des Menschen offenbart, die Wirklichkeit als Ausdruck eines Du zu verstehen –, wird dem älter werdenden Kind nicht nur die Naivität des ununterschie-

---

97 Pascal, Gedanken 150, Fr. 314.

denen Du-Sagens abgewöhnt, sondern auch die grundsätzliche Fähigkeit ab-erzogen oder nicht weiter entfaltet, alles Begegnende als Ausdruck einer tieferen Wirklichkeit, letztlich als Symbol von Personalität und Freiheit zu verstehen. Solches Verstehen wird auch durch unsere gegenwärtige Zivilisation ungemein erschwert. Dazu nur zwei konkrete Hinweise.

Erstens: Die meisten Dinge, mit denen wir umgehen, die wir im Supermarkt kaufen oder mit denen wir unsere Wohnung ausstatten, sind unpersönliche Produkte von Maschinen, Fließbändern und anonymen „Betrieben". Und den meisten Menschen, denen wir begegnen, begegnen wir immer weniger als unverwechselbaren Personen, sondern eher als Rollenträgern, „Funktionären". So verlernen wir es, Wirklichkeit als symbolischen Ausdruck von Freiheit zu verstehen. Dafür ein kleines, aber sehr bezeichnendes Detail: Die ältere Generation ist noch so erzogen worden, dass man auch nicht das kleinste Stück Brot wegwirft, da es „mehr" ist als ein „Objekt", das man im Bäckerladen für einige Cent beliebig kaufen kann. Brot ist das „tägliche Brot", um das wir beten und für das wir bei jeder Eucharistiefeier danken, Sakrament der Zuwendung Gottes zum Menschen. Wenn demgegenüber jeden Tag einige Tonnen von Brot allein auf den Schulhöfen unserer Schulen weggeworfen werden, dann kann man ermessen, welcher „Bruch" in der Symbol-Erziehung vorliegt und welche Aufgaben für einen neuen Umgang mit der Welt noch vor uns liegen.

Zweitens: Neil Postman hat vor einigen Jahrzehnten in sehr eindringlichen Analysen gezeigt,[98] dass in unserer modernen Fernseh-„Kultur" das Leitbild aller Kommunikation die „Show" ist (insofern auch jede „Informationssendung" als kurzweilige Unterhaltung für den im Grunde unbetroffenen,

---

98 Siehe N. Postman, Wir amüsieren uns zu Tode, dt. Frankfurt 1985.

genüsslichen Zuschauer präsentiert wird). So aber verkommt die Erfahrungswirklichkeit zu einer oberflächlichen, nur dem Genuss dienenden Peep-Show. Erfahrung wird zu einem „Es", das sich ereignet und das man zur Kenntnis nimmt, ohne sich „darin" und „dahinter" von einem personalen Du begegnen und von ihm betreffen zu lassen.

Dagegen geht am Beispiel Jesu eine andere Blick- und Hörweise auf. Er sah nicht nur in der Schönheit der Lilien auf dem Feld und in der Nahrung, welche die Vögel des Himmels finden, ein Zeichen für die Sorge und Liebe Gottes zu seinen Geschöpfen (Mt 6,26 ff); auch die Begebenheiten seiner Zeit, wie z. B. den Zusammenbruch eines Turmes oder eine politische Mordtat (Lk 13), vernahm er als Anruf Gottes, der damit den Menschen zur Umkehr bewegen will. So waren Welt und Geschichte für Jesus durch und durch transparent für Gottes Nähe und Ruf. Nicht distanzierte „Konsumhaltung" charakterisierte Jesu Einstellung zur begegnenden Wirklichkeit, sondern Aufmerksamkeit und durchdringenden Blick auf das darin Erscheinende.

Dass ein solcher Umgang mit der Welt Distanz und Schweigen, den Primat des Vernehmens und Empfangens, nicht des Zugriffs und der Nutzenrechnung voraussetzt und einfordert, sei nur am Rande, aber mit Nachdruck vermerkt. Denn solange man von den Dingen „besetzt" ist, können sie ihren Transparenzcharakter nicht zur Geltung bringen. Sowohl durch unkritische Anhänglichkeit an sie wie auch durch totale Instrumentalisierung werden sie gleichsam erdrückt und vermögen nicht das zu sein, was sie von Schöpfung und Heilsgeschichte her sein sollen: Aufgang Gott.

Deshalb spielt auch in diesem Zusammenhang das schon erwähnte „Gebet der Aufmerksamkeit" (vgl. S. 81 f) eine wichtige Rolle. Gerade in dieser Weise des Gebets kann sich der Wechsel vom „Es" zum „Du" ereignen. Damit ist gemeint: Was sich zunächst so anonym, so zufällig, ja gelegentlich so banal zuträgt, sei es, dass wir selbst es erleben, sei es, dass Zeitungen und Fernsehen davon berichten, das sollen die „Augen und Ohren des Glaubens" auf seine eigentliche Tiefe hin ablauschen. Nur dass wir, ausgegossen in die Hektik des Alltags mit seinen funktionalisierten menschlichen Beziehungen, mit seinem Leistungs- und Erfolgsstreben, mit seiner Jagd nach kurzfristiger Befriedigung unserer Bedürfnisse und Sehnsüchte, den Transparenz- und Signalcharakter der alltäglichen Begebenheiten so oft übersehen. Und doch: „Was ‚Es' war, soll ‚Du' werden", um eine Formulierung von Sigmund Freud zu variieren. Es gilt, hinter allem Geschehenden das Du Gottes zu entdecken. Aber diese Verwandlung des „Es" zum „Du" setzt Innehalten und Distanz vom Handeln voraus. Nur so gelingt es, die Welt als Gleichnis und Ausdrucksgestalt des Schöpfers (und Erlösers) zu deuten und so im vielschichtigen und vieldeutigen Netzwerk der Welt den zu entdecken, in dem „alles, was im Himmel und auf Erden ist, zusammengefasst ist" (Eph 1,10). Kurz: Es gilt, den Transparenzcharakter der Dinge zu sehen, wie das in einmalig schöner Weise Joseph von Eichendorff formuliert hat:

„Schläft ein Lied in allen Dingen,
die da träumen fort und fort.
Und die Welt hebt an zu singen,
trifft man nur das Zauberwort."

Das Zauberwort ist jene innere Einstellung, mit der man durch die Dinge hindurch auf den blickt, der sich in ihnen ausdrückt. Für dieses Entdecken Gottes in allen Dingen kann exemplarisch Franz von Assisi stehen, von dem sein großer Biograph Thomas von Celano sagt: „Auf dem Wege der Zeichen, die den Dingen eingeprägt sind, folgte er, Franziskus, überall dem geliebten Herrn nach und machte alles zu einer Leiter, um auf ihr zu seinem Thron zu gelangen."[99] Das Gleiche mit den Worten eines modernen Autors, Ernesto Cardenal: Überall finden wir „die Initialen Gottes, und alle erschaffenen Wesen sind Liebesbriefe Gottes an uns"[100].

Aber ist diese Überzeugung von der unbedingten Gegenwart und Nähe Gottes nicht doch eine zu optimistische Sicht? Welchen Stellenwert nimmt hier z. B. der Tod ein? Ist er nicht der „Abbruch aller Beziehungen" (Eberhard Jüngel) und damit auch Abbruch der Beziehung zu Gott? Wie ist christlich mit dem Tod umzugehen? Gehört auch der Tod zu „allen Dingen", in denen wir Gott finden können?

---

99 Thomas v. Celano, Leben und Wunder des hl. Franziskus von Assisi = Franziskanische Quellenschriften V, Paderborn 1955, 390.
100 E. Cardenal, Das Buch von der Liebe, Wuppertal 1985, 28.

Sechstes Kapitel
Tod im Leben – Leben im Tod

1. Umgang mit Tod und Sterben

Unser Leben läuft unausweichlich dem Tod entgegen. Das ist unser aller tod-sicherste Gewissheit. Und doch wird diese Wahrheit heute weithin verdrängt. Man will – so gut es geht – den Tod aus dem Leben heraushalten, ihn vergessen machen, ihn übersehen, seine Provokation abmildern. Allerdings kann man gegen diese Feststellung sofort Einspruch erheben und darauf verweisen, der Tod werde heute doch gerade nicht verdrängt, sondern man habe sich an ihn in einer gegenüber früher ungemein gesteigerten Weise geradezu gewöhnt. Die Medien bringen tagtäglich Nachrichten von Terror- und Kriegsopfern, Selbstmordattentätern, Verhungerten und Verunglückten frei Haus. Man diskutiert über Euthanasie, Sterbehilfe und Patientenverfügung. Mehr noch: Der Tod ist zum wichtigen Bestandteil der Freizeitindustrie geworden mit Kriminalromanen und entsprechenden Fernsehfilmen sowie mit Internetspielen, die voll sind von Todesgewalt. Kurz: Findet nicht statt Verdrängung ständig eine Konfrontation mit dem Tod statt? Doch all das spricht nicht gegen Verdrängung!

Denn der in den Medien begegnende Tod ist „mediatisiert", „verobjektiviert", „ent-existentialisiert". Das heißt: Er wird kaum mehr als reale Möglichkeit *für mich* erfahren. Er ist zwar durch die Medien mitten unter uns, aber ohne die Brutalität des unmittelbar erlebten Dabeiseins, ohne die Unerträglichkeit selbstbetroffenen Schmerzes. Es ist der „unterhaltsame" Tod der anderen, Gegenstand eines jederzeit wiederholbaren, weil elektronisch gespeicherten „Spiels", dem man lustvoll zuschauen kann. In diesem Sinn also ist die These von der heutigen Verdrängung des Todes gemeint. Er wird als mich persönlich betreffende Größe weggeschoben, da wir kaum noch den „normalen", „realen" Tod, sondern fast nur noch den „mediatisierten" Tod kennen. Da aber, wo der Tod unmittelbar, also nicht durch Medien vermittelt, in das Leben einbricht, sei es durch den Tod eines geliebten Menschen, sei es durch eine besondere räumliche Nähe (selbst miterlebter Unglücksfall, Suizid eines Nahestehenden u. dgl.), sind Panik, psychischer Zusammenbruch, hemmungslose Verzweiflung und totale Hilflosigkeit meist die Folge. Zeichen dafür, wie sehr man sonst, also abgesehen von solchen Ausnahmesituationen, den „realen" Tod zu verdrängen sucht. Zu verdrängen *sucht!* Denn ganz kann dies wohl kaum gelingen, weil, ob wir es wollen oder nicht, unser Lebensvollzug ständig vom Tod durchwirkt ist, da unser Leben immer auch zugleich ein Stück Sterben ist.

Weil das so ist, ist das Sich-Konfrontieren mit Sterben und Tod für ein wahrhaft humanes Leben unerlässlich. Denn eben diese Auseinandersetzung mit dem Tod unterscheidet den Menschen vom Tier, wie es in den oft zitierten Versen von Erich Fried heißt:

„Ein Hund
der stirbt
und der weiß
dass er stirbt
wie ein Hund
und der sagen kann
dass er weiß
dass er stirbt
wie ein Hund
ist ein Mensch."

Wer sich nicht mehr mit dem Tod bewusst auseinandersetzt, bleibt im Grunde auf der Stufe eines Hundes, also eines Tieres, stecken.

Nun aber treffen wir in der vieltausendjährigen Geschichte, in der Menschen sich mit dem Tod auseinandergesetzt haben, unzählige Gesichter des Todes, unzählige Weisen, mit ihm fertig zu werden und ihn in das Bild, das man vom Leben, von der Welt und von Gott hat, stimmig zu integrieren. Von diesen unzähligen Gesichtern des Todes sei nur auf einige wenige, die sich in der Bibel niedergeschlagen haben, eingegangen.

Liest man das Alte Testament unter der Fragestellung: „Was wird hier über Sterben und Tod gesagt?", so stellt man sogleich fest, dass die Aussagen ein widersprüchliches Gesicht tragen: Die einen sprechen vom Tod als friedvoller Grenze und Erfüllung des menschlichen Lebens, die anderen vom Tod als sinnlosem Abbruch des Daseins.

2. Tod als Erfüllung des Lebens

In der ersten Aussagereihe der Bibel ist das Thema Sterben und Tod untrennbar verwoben mit dem Thema Leben. Um vom Sterben zu sprechen, muss man vom Leben sprechen, um richtig sterben zu können, muss man richtig leben können – eine Einsicht, die auch für uns heute noch Geltung hat. Leben aber ist für den alttestamentlichen Menschen das schlechthin höchste Gut. Über das Leben hinaus gibt es nichts Wertvolleres. „Alles, was der Mensch hat, gibt er für sein Leben hin" (Ijob 2,4). Doch wenn hier von ‚Leben' die Rede ist, so ist nicht einfach nacktes Dasein oder bloßes Existieren gemeint. Leben ist vielmehr in der Heiligen Schrift ein durch und durch qualitativer Begriff. Leben ist im wahren und vollen Sinn nur da, wo es sich verwirklicht in Gemeinschaft mit anderen Menschen, in Frieden und Glück, Gesundheit und Freude. Solches qualitativ ‚gefülltes Leben' ist unverfügbare Gabe Gottes, der es den Geschöpfen als sein Heils- und Segensgut mitteilt. Mehr noch: Da Gott die Quelle des Lebens ist (vgl. u.a. Ps 36,10), erhält der Mensch in der Gabe des Lebens zugleich auch Gemeinschaft mit dem von der Gabe nicht zu trennenden Geber. Und deshalb bedeutet Leben für die Heilige Schrift wesentlich In-Beziehung-zu-Gott-Stehen.

Aber nicht nur Gabe ist das Leben, sondern auch Aufgabe. Der Mensch erhält es, um es im Dienst Gottes und nach seiner Weisung zu verwirklichen. Deshalb ist die Gabe des Lebens unmittelbar mit Weisungen und Aufträgen Gottes verknüpft. So wird deutlich, dass das Leben nicht nur in seinem Ursprung, „als Gabe", sondern auch in seiner Sinnrichtung, „als Auf-Gabe", dem Menschen entzogen ist. Leben weist strikt in die Beziehung zu Gott ein. Der Mensch hat es nie als festen Besitz, über den er verfügen kann, sondern er gewinnt das Leben nur, indem er es geschenkt erhält, es einsetzt, um es von Gott her je neu zu gewinnen.

Dass das Leben zeitlich befristet ist, wird in der älteren alttestamentlichen Literatur nahezu problemlos hingenommen. Da hilft kein Aufbäumen: Der Mensch ist nun einmal „wie Gras, das verdorrt" (Jes 40,6 u. ö.). „Wir müssen alle sterben und sind wie Wasser, das auf die Erde ausgegossen ist und nicht wieder gesammelt werden kann" (2 Sam 14,14). Aber deswegen ist der Tod nicht – wie das Neue Testament später sagen wird – „der letzte Feind" (1 Kor 15,26), sondern im Sterben hört schlicht der Lebensodem auf, den Gott dem Menschen zugedacht hat. So ist der Tod als Grenze des Lebens, das Jahwe schenkt, eingebunden in die Beziehung zu Gott; er steht unter der Herrschaft Gottes (vgl. Dtn 32,39).

Weil zum Leben wesentlich Befristung gehört, hat sich die Wahrheit von der göttlichen Gabe des Lebens hier und jetzt innerhalb der durch Geburt und Sterben markierten Grenze zu erweisen. Und davon kündet das Alte Testament allenthalben: Wem Gott sich in Freundschaft zuwendet und wer den Weisungen Gottes entspricht, dem schenkt Jahwe ein langes, glückliches Leben, für welches das Ableben nicht eigentlich düsteres Ende, sondern Vollendung, und für welches das Sterben nicht schreckensvolle Krise, sondern friedvolle Erfüllung bedeutet. So wird es Abraham verheißen: „Du sollst in Frieden zu deinen Vätern eingehen und in hohem Alter begraben werden" (Gen 15,15). Und so erfüllt sich die Verheißung: „Abraham starb in gesegnetem Alter, hochbetagt und lebenssatt" (Gen 25,8). „Lebenssatt" also und in „schönem Alter" stirbt der Gottgesegnete (vgl. dazu auch Gen 35,29; Ri 8,32; Ijob 42,17; 1 Chr 23,1; 29,28; 2 Chr 24,15). So kann Sterben die glückhafte Erfüllung menschlichen Lebens sein und der Tod die Ernte reich gesegneter Zeit. „Du gehst in Vollreife zum Grabe ein, gleichwie die Garbe eingebracht wird zu ihrer Zeit" (Ijob 5,26). Wenn es auch Stellen im Alten Testament gibt, die die ganze Bitterkeit des Sterbenmüssens herausstellen und die in der

Aussage gipfeln, dass „Jahwe der Toten nicht mehr gedenkt" (Ps 83,6), so nimmt man doch im Allgemeinen den Tod als selbstverständliche Grenze des Lebens hin. Eben weil die Befristung des Lebens von Gott kommt, ist die Macht des Todes Jahwes Macht. An der Grenze des Lebens steht der lebendige Gott und nichts sonst. Von diesem Glauben aus entfaltet sich zwar relativ spät, aber doch sehr stringent die Hoffnung auf Überwindung des Todes durch die erweckende Kraft Gottes.

In dieser ersten alttestamentlichen Aussagereihe wird in der Darstellung des Sterbens der „Gerechten" so etwas wie ein Idealbild des Sterbens gezeichnet. So ist das Sterben schön: reif sterben, im schönen Alter sterben, das Werk seines Lebens vollendet sehen. Doch dies ist nur die eine Seite, das eine Gesicht der alttestamentlichen Glaubenserfahrung; daneben gibt es ein zweites:

3. Tod als sinnwidriger Abbruch

Das Alte Testament kennt auch die Erfahrung des Sterbenmüssens, bevor das Leben erfüllt ist und sich vollenden kann. Es gibt den jähen, verfrühten, den „bösen" Tod, den Tod „in der Mitte der Tage". Wenn hier vom Tod die Rede ist, so muss damit nicht unbedingt das letzte, physisch-biologische Sterben gemeint sein. Wie Leben ein qualitativer Begriff ist, so auch der Tod. Ihn gibt es nicht nur und nicht erst am Ende der Tage, sondern er sendet jetzt schon seine Vorboten auf den Menschen zu: Krankheit, Armut, Not, Einsamkeit sind Wirklichkeiten des Todes, die jetzt schon in das Leben eingreifen, es in seinen positiven Qualitäten mindern oder gar vorzeitig abbrechen lassen. Solches „Sterben" ist aufs engste mit der Sünde verbunden. Denn der Sünder will das Leben aus sich heraus ohne Gott und gegen Gott gewinnen. Aber gerade so verliert er, von seinem Lebensquell getrennt, das (volle, erfüllte) Leben; er muss sterben. Nur durch radikale Zuwendung zu Gott wird er aus der Macht des „bösen Todes" befreit: Der Gerechte dagegen „entgeht den Schlingen des Todes" (Spr 14,27). Mit diesen und ähnlichen Aussagen ist ursprünglich nicht eine Überwindung der biologischen Todesgrenze angedeutet, sondern die Befreiung aus der hier und jetzt im Sünder wirksamen Machtsphäre des Todes gemeint, der die Fülle des (irdischen) Lebens zunichte macht und es vielleicht sogar vorzeitig abbricht.

Der Gerechte also lebt, der Sünder stirbt. Dieser so genannte Tun-Ergehens-Zusammenhang (wie es mit einem exegetischen Fachausdruck heißt) musste in eine tiefgreifende Krise kommen, da sich immer deutlicher zeigte, dass der „böse Tod" nicht nur in das Leben des Sünders einbricht, sondern auch in das des Gerechten, ja dass der Sünder, der nur aus sich heraus leben will, oft besser „lebt" als der Gerechte, während dieser oft sehr viel bedrängender die Erfahrung des ihn tödlich Bedrohenden in seinem „Leben" macht. Damit war zugleich klar, dass das Bild des Sterbens als friedlicher Erfüllung des Lebens, wie es sich im Sterben der alttestamentlichen Gerechten darstellt, zwar eine Möglichkeit ist, eine ideale Möglichkeit, aber eine Möglichkeit, die nicht die ganze Wirklichkeit trifft. So *könnte* man sterben, so *wäre es schön* zu sterben. Aber *de facto ist es anders.* De facto stirbt der Mensch, obwohl er nicht vollendet ist; er stirbt zu früh, er stirbt, obwohl er eigentlich nicht sterben kann. Deshalb ist das Sterben de facto ein Fluch, für Gerechte *und* Ungerechte; denn beide trifft das gleiche Los des Sterbenmüssens, ohne sich darin wirklich und restlos vollenden zu können.

Damit kündigt sich bereits im Alten Testament eine Konsequenz an, die erst das Neue Testament in aller Schärfe ausziehen wird: dass nämlich solches Sterben nicht „natürlich" und so nicht von Gott gewollt sein kann, dass es vielmehr „der Sünde Sold" (Röm 6,23) ist und sich in seiner konkreten Gestalt als Fluchtod zeigt, d. h. als Folge dessen, dass der Mensch sein Leben nicht als Gabe und Aufgabe von Gott her versteht und es von ihm vertrauensvoll und dankbar entgegennimmt, sondern dass er es ohne Gott leben und ohne ihn vollenden will. Dann aber wird das Sterben zum radikalsten Beweis der Ohnmacht eines Lebens, das in sich selbst Stand sucht. Damit stellt sich jedoch neu die Frage, wie sich denn angesichts des immer zu frühen Sterbens menschliches Leben vollenden kann und welchen Sinn das Sterben des Gerechten hat. Das Alte Testament vermag diese Probleme nur am äußersten Rand zu lösen, indem es Hoffnung auf Auferstehung aufrichtet und dem Leiden und Sterben des Gerechten sühnende und heilstiftende Kraft zuspricht.

So also zeigt das Sterben im Alten Testament ein eigentümliches Janusgesicht: Es ist einerseits friedvolles Sich-Vollenden und zum andern sinnwidriger Abbruch des Lebens.

4. Sterben Christi und Mitsterben des Christen

Das Neue Testament führt fast ausschließlich die zweite Aussagereihe des Alten Testaments weiter. Im Zusammenhang der paulinischen Theologie ist der Tod geradezu die „Definition des Menschen unter der Sünde"[101]. Denn wie schon angedeutet, weigert der Sünder sich, das Leben als Gabe und Aufgabe von Gott her zu empfangen; er will sein eigenes „Leben" haben und festhalten, aus sich selbst, für sich selbst. Indem er aber „sich selbst lebt" (vgl. 2 Kor 5,15), ist er in der Tat sich und seinen eigenen Möglichkeiten überlassen, in denen er zwar meint,

---

101 G. Schunack, Das hermeneutische Problem des Todes, Tübingen 1967, 175.

das Leben zu haben: Glück, Freiheit, Zukunft, die sich aber von ihrem Ende her als nichtige Möglichkeiten erweisen. Das unweigerliche Sterbenmüssen des Menschen besiegelt alles vermeintlich selbstmächtige Leben als Tod, alles Glück als zerbrechliche Vorläufigkeit, alle Freiheit als Verstrickung in die eigene Ohnmacht. Im Sterben kommt es gleichsam handgreiflich heraus, was es mit dem Leben des Sünders auf sich hat: Ein Leben, das glaubt, über sich selbst verfügen zu können und allein in sich selbst sein Genüge zu finden, verläuft ins Leere. Jesu Verkündigung der Gottesherrschaft ist der Ruf des Lebens an solche, die ihr Leben bisher verfehlt haben. Nur wer sich jetzt diesem Ruf Gottes öffnet, wer bereit ist, aus der Enge seines Selbst auszubrechen und sich in die Weite der großen Communio Gottes mit den Menschen und der Menschen untereinander hineinzustellen, wer sein Leben wieder als Gabe und Aufgabe von Gott her entgegennimmt und es hingibt im Dienst an Gott und seinen Brüdern und Schwestern, der gewinnt wahres Leben jetzt und in Zukunft. So heißt es etwa in Mk 8,34 ff: „Wer sein Leben retten, festhalten will, der wird es verlieren, wer aber sein Leben um meinetwillen und um des Evangeliums willen verliert, wird es retten" (siehe auch die Parallelen sowie 10,29 ff par). Wer aber den Ruf des Lebens überhört, der gehört schon zu den Toten (vgl. Lk 9,60: „Lass die Toten ihre Toten begraben, du folge mir nach [auf dem Weg des Lebens]!"). Wer weiterhin nur „sich selbst lebt" und sich um Besitz, Karriere und Eigenvorteil sorgt, der muss spätestens in seiner Sterbestunde einsehen, dass sein Leben keinen Grund und Bestand hatte (vgl. Lk 12,15 ff). So versteht das Neue Testament das Sterben nicht als „natürliches Ereignis" der Lebensvollendung, sondern es weist auf den Tod als Macht der Sünde hin, die das Leben von Grund auf zerstört.

Die düstere Erfahrung von Sterben und Tod nimmt Jesus auf sich. Nach dem Zeugnis des Neuen Testaments erfuhr er den

Tod als dunklen, bitteren Abbruch seines Lebens. Er starb nicht den „schönen Tod" des alttestamentlichen Gerechten, auch nicht den heroisch-harmonischen Tod, wie Platon ihn am Beispiel des Sokrates darstellt. Er starb den sinnwidrigen Tod des Sünders. Er, der den Menschen die lebensverheißende Herrschaft Gottes in unerhörter Weise nahegebracht hat, wird abgelehnt, verraten, von den Seinen im Stich gelassen, sein Werk bleibt unvollendet, seine Botschaft scheint ad absurdum geführt zu sein; einsam stirbt er den qualvollen Exekutionstod am Kreuz. Er stirbt mit einem letzten, scheinbar verzweifelten Schrei: Alles, sein ganzes Leben und Wirken, macht den Eindruck, sinnlos gewesen zu sein. Und doch: Wenn auch die überlieferten letzten Worte Jesu spätere Interpretationen sind, sie zeigen doch eines: Jesus starb nicht – um es in einem Wortspiel zu sagen – „im *Fluch gegen* Gott, sondern in einer verzweifelten *Flucht zu* Gott"[102]. Der Psalm 22, den er nach Mk 15,34 betet, klagt geradezu die Bundestreue Gottes zum Menschen um Gottes willen ein. „Der Ton ruht auf der Anrede: ‚Mein Gott'. ... Der Sohn hält auch dann noch Glauben, wenn Glaube sinnlos geworden zu sein scheint und die irdische Wirklichkeit den abwesenden Gott kundtut."[103] Denn in historisch-kritischer Sicht dürften die letzten Worte Jesu am Kreuz vermutlich gelautet haben: „Du bist dennoch mein Gott!" Nur so lässt sich das Missverständnis der unter dem Kreuz Stehenden erklären: „Er ruft den Elia!" (Mt 27,47). Denn im Aramäischen klingen „Elia tha" (Komm, Elia!) und „Eli attah" (Du bist mein Gott!) phonetisch fast gleich und konnten so leicht das Missverständnis auslösen.

---

102 A. Strobel, Kerygma und Apokalyptik, Göttingen 1967, 144.
103 E. Käsemann, Die Gegenwart des Gekreuzigten (1967), in: ders., Kirchliche Konflikte, Bd. 1, Göttingen 1982, 76–91, hier: 77.

Indem Jesus also den düsteren, sinnwidrigen Tod des Sünders in einem letzten verzweifelten Vertrauen auf Gott stirbt, indem er sich dem Abgrund des Todes preisgibt, in der Hoffnung, auch dort Gott zu finden, indem der Sohn in der Erfahrung der Todesgrenze glaubend an seinem Vater als der grenzenlosen Quelle des Lebens festhält, antwortet dieser mit dem Erweis seiner Treue. Gott erweckt Jesus zu neuem Leben. Er schenkt neue Identität und neue Beziehung, da im Tod alle Identität und Beziehung abgebrochen ist. Mehr noch: Weil Gottes Sohn sich mit uns Menschen identifiziert, da er stellvertretend für alle und solidarisch mit allen den Tod erleidet, findet nicht nur sein persönliches Sterben, sondern auch unser aller Sterben Einlass in Gottes Leben. Die Leidens- und Todesgeschichte der Welt wird so durch das Sterben Jesu in die Geschichte Gottes hineingenommen und dadurch auf die Zukunft der Auferstehung, auf eine neue, unendliche Zukunft des Lebens hin entgrenzt. Jesu Tod war und ist gewissermaßen der „Tod des Todes". Unser Tod ist dadurch erlöst vom Fluch, nur Besiegelung der hoffnungs- und sinnlosen Sünderexistenz zu sein. Das Sterben steht wieder unter einer Verheißung, es darf wieder das sein, was es sein kann und was das Alte Testament im Idealbild vom „lebenssatten Ende" des Gerechten vorwegentworfen hat: ein Sterben im Frieden und im Vertrauen darauf, dass das Leben sich in Gott hinein vollendet und in ihm zur endgültigen Reife findet.

Aber diese erlöste Gestalt des Sterbens gilt nur für die, die auch bereit sind, jetzt schon in ihrem Leben sich auf die Erlösung durch Jesus Christus einzulassen und eine erlöste Existenz zu führen. Erlöste Existenz, das bedeutet: sein Leben als Gabe Gottes zu verstehen, die zugleich Auf-Gabe ist, das empfangene Leben im Dienst für andere, im Einsatz für die große Communio Gottes wieder „wegzugeben", und gerade so größeres, ewiges Leben zu empfangen. Darum steht – so lässt das

Neue Testament in immer neuen Varianten erkennen – mitten im Vollzug erlösten Lebens die Wirklichkeit erlösten Sterbens als inneres Moment dieses Lebens. Paulus drückt das so aus:

„Einer ist für alle gestorben, also sind alle gestorben. Er ist aber für alle gestorben, damit die Lebenden nicht mehr für sich leben, sondern für den, der für sie starb und auferweckt wurde. ... Wenn also jemand in Christus ist, dann ist er eine neue Schöpfung: Das Alte ist vergangen, Neues ist geworden" (2 Kor 5,14 f).

Der Apostel will damit sagen: In seinen Tod hat Jesus Christus uns alle einbezogen, damit wir wie er nicht mehr für uns selbst, sondern für ihn leben. Wer in die Todeshingabe Jesu hineingenommen ist und daraus lebt, der lebt in ihm und ist deshalb ein neues Geschöpf.[104] Einer (Christus) ist zwar für uns alle gestorben, aber in dieser Stellvertretung wird das Sterben von uns nicht als überflüssig erklärt, sondern als erlöstes Sterben geradezu ermöglicht. Wahres Leben heißt deshalb für den Christen immer auch Sterben im Sinne von Sich-Weggeben, Sich-Wegschenken im Dienst an Gott und die Brüder und Schwestern. Solche Lebenshingabe ist kein Masochismus, sondern sie geschieht in der Hoffnung, gerade so je neu und einmal endgültig mit Christus das wahre Leben der Auferstehung zu gewinnen.

Dieser Sachverhalt wird in einer Fülle von neutestamentlichen Aussagen zum Ausdruck gebracht, die das ganze Leben des Christen als ein Mitsterben mit Christus beschreiben. Solches Mitsterben ist nichts Negatives, sondern die Befreiung von einem Leben, das nur sich selbst sucht und gerade dadurch verfehlt und eigentlich „Tod" ist. Mitsterben mit Christus zielt – wie bei ihm selbst – auf den „Tod des Todes" und ist da-

---

104 Vgl. dazu M. Gruber, Herrlichkeit in Schwachheit. Eine Auslegung der Apologie des Zweiten Korintherbriefs 2 Kor 2,14–6,13, Würzburg 1998, 341.

mit in Wirklichkeit wahres Leben. Denn dies verwirklicht sich nicht im Haben und Festhalten, in der Ausbeutung für sich selbst und im Streben, sein Leben wie eine Zitrone auszupressen, um auch den letzten Tropfen für sich selbst auszukosten. Wahres, glückendes, sinnvolles Leben verwirklicht sich in der Nachfolge Jesu im Dienst und Einsatz für die anderen. „Wer sein Leben verliert [also: hergibt, „stirbt"], wird es gewinnen", heißt es in zahlreichen Variationen des Neuen Testaments. Solches Mitsterben und -auferstehen mit Christus macht die Wirklichkeit christlichen Lebens seit der Taufe und der Entscheidung zum Glauben aus.

Paulus verdeutlicht diese Wirklichkeit den Gemeinden vor allem an seiner eigenen Person: „Täglich sterbe ich" (1 Kor 15,30; siehe auch 2 Kor 4,7 ff; Gal 6,17; Röm 8,36). „Wir sind Sterbende, und doch: wir leben" (2 Kor 6,9). Der Apostel meint damit konkret die harte und gefährliche Missionsarbeit, das tägliche Verbrauchtwerden im Dienst an den Gemeinden, die Liebe zu den Brüdern und Schwestern. All das sind Formen der Hingabe des Lebens, also Weisen des Sterbens. Aber in der Abkehr von einem Leben, das nur sich selbst sucht und in Wirklichkeit „Tod" ist, ist dieser wahre Tod grundsätzlich überwunden. Wer liebt, „ist schon aus dem Tod zum Leben übergegangen" (1 Joh 1,4).

In dieser Perspektive ist auch das (biologische) Sterben grundsätzlich relativiert, so sehr, dass Paulus an einigen Stellen von einer gewissen Vergleichgültigung des biologischen Lebens und Sterbens spricht: „Leben wir, so leben wir dem Herrn, sterben wir, so sterben wir dem Herrn. Darum: ob wir leben oder sterben – wir gehören dem Herrn" (Röm 14,8). (Biologisches) Leben oder Sterben – das macht es nicht, das ist nicht mehr das Entscheidende. Wichtig ist nur, wo unser „Ort" ist, beim Herrn oder bei uns selbst. Wenn das Erste gilt, kann uns „weder Tod noch Leben von der Liebe Gottes trennen"

(Röm 8,36 ff). Darum: „Leben ist für mich Christus und Sterben Gewinn" (Phil 1,20 f; siehe auch 1 Kor 3,21 f). Das Sterben ist deswegen radikal relativiert, weil es eine Wirklichkeit ist, die sich immer schon im christlichen Leben dort ereignet, wo der Glaubende „mit Christus stirbt".

Freilich kann das (biologische) Sterben als unmittelbares und unausweichliches Konfrontiertsein mit dem Tod noch einmal eine radikale Entscheidungssituation sein, wo der Mensch gefragt ist, wie er sich und sein Leben verstand und es nunmehr – im Rückblick – verstehen möchte. Ja, das unausweichliche Sterbenmüssen zwingt den Menschen geradezu in eine Entscheidungssituation hinein. Auch derjenige, der sich in seinem Leben nie um so etwas wie Nachfolge Jesu und Mitsterben mit ihm gekümmert hat, kommt jetzt nicht daran vorbei, sich dem eigenen Tod und dessen Sinn oder Unsinn zu stellen. So gesehen gibt die Zeit unmittelbar vor dem Ende, also das Sterben, eine letzte Möglichkeit, sich in Freiheit das Vorzeichen seiner eigenen Existenz endgültig zu bestimmen. Mehr noch: Da auch im Leben gläubiger Menschen das Mitsterben mit Christus immer nur im Fragment gelang, trägt das endgültige Sterben bei vielen oder gar bei allen nicht nur den Charakter des seligen Sich-Vollendens, sondern es bringt auch die letzte bittere Erfahrung der Nichtigkeit des Lebens. Es bringt die Erfahrung, dass das eigene Leben nicht war, was es hätte sein können, dass man zu wenig gestorben ist, um wahrhaft zu leben. Und deswegen ist das letzte Sterben auch immer begleitet von der Erfahrung des Abbruchs, der Dunkelheit und der Angst.

Doch gibt es Ausnahmen. Es sei nur auf Franz von Assisi verwiesen, auf jenen Mann, den man als „alter Christus", als „zweiten Christus" bezeichnet hat, weil er in Christus und mit ihm sein Leben ganz und gar verschenkt hat und in diesem Sinn schon immer im Leben den Tod erfahren hat. Deshalb kann er in seinem „Sonnengesang" ganz intim und vertraut den Tod als „Bruder Tod" bezeichnen (im Italienischen heißt es sogar noch zärtlicher: sorella morte – Schwesterchen Tod). Da erscheint der Tod nicht mehr als düsterer Knochenmann und Schnitter, der das Leben brutal abschneidet und abbricht, sondern als die ganz vertraute Schwester, die durch das dunkle Tor hindurch ins Leben der Auferstehung führt.

Solche Erfahrungen mögen Ausnahmen sein. Und doch bleibt wahr: Der an Christus Glaubende und seinen Weg Gehende ist grundsätzlich befreit von einem Sterben, das als letzte Konsequenz der Sünde nur sinnlos und absurd ist. Und darum wird sich der Glaubende, der wie Christus und mit ihm sein Leben als Gabe und Aufgabe Gottes verstand, angesichts des biologischen Sterbens nicht krampfhaft und verzweifelt im Dasein zu halten versuchen, sondern sein Leben in einem letzten Vertrauen loslassen, um es von Gott her neu und nunmehr endgültig zu gewinnen. So bestimmt im Letzten und Eigentlichen *Hoffnung* das christliche Verhältnis zum Tod.

Aber nicht nur das Verhältnis zum Tod! Hoffnung ist das entscheidende Existenzial des ganzen christlichen Lebens. Wenn Hoffnung sogar stärker ist als der Tod, wie stark kann sie dann erst recht das ganze Leben bestimmen.

Siebtes Kapitel
„Christen sind die, die Hoffnung haben"

1. Menschsein unter dem Vorzeichen der Hoffnung

Während die Nichtglaubenden von Paulus in einer Art Kurzdefinition als die bezeichnet werden, die „ohne Hoffnung sind" (1 Thess 4,13), werden Christen im Umkehrschluss als diejenigen bestimmt, „die Hoffnung haben". Hoffnung meint hier nicht eine unverbindliche Stimmung, etwa die Haltung der Lebensfreude oder den Optimismus einer grundsätzlichen Lebens- und Weltbejahung. Sie richtet sich auch nicht bloß auf die Erwartung einer Sprengung der biologischen Todesgrenze: Hoffnung bedeutet vielmehr eine neue Prägung der ganzen Existenz, die durch den Blick auf die Auferstehung Christi und die darin auch uns gegebene Verheißung aus der Immanenz eines raum-zeit-begrenzten Daseins herausgerissen und in eine nichtendende Zukunft erfüllten göttlichen Lebens eingewiesen ist. Wer nicht an die Auferstehung glaubt und wer sich infolgedessen mit der Immanenz irdischen Lebens begnügen muss, kann nach Paulus eigentlich nur sprechen: „Lasst uns essen und trinken; morgen sind wir tot" (1 Kor 15,32). Aber die verzweifelte Jagd danach, dem irdischen Dasein so viel Leben wie irgend möglich abzugewinnen, hat die Situation der Angst zur Folge, der Angst davor nämlich, dass es doch immer zu wenig Leben ist, was man erreichen kann, und dass der Tod „zu früh" kommt, bevor man seinen Lebenshunger gestillt hat. Gerade diese Angst angesichts des Todes bewirkt – wie es in Hebr 2,15 heißt –, dass das ganze Leben der Knechtschaft verfällt".

Demgegenüber ermöglicht der Ausblick auf Auferstehung und die damit gegebene Freiheit von der Todesangst ein anderes Lebensmodell. Der Hoffende kann – um ein Wort von Paulus zu variieren – täglich dem Tod ins Auge schauen (1 Kor 15,31), und deshalb besitzt er die Freiheit, mutig über die durch den Tod markierten Grenzen hinauszugreifen. Er kann auch unter den Bedingungen der Anfechtung, des Leidens und irdischen Scheiterns kompromisslos das Rechte und Gute tun, die Wahrheit bezeugen und aktive Solidarität mit den Leidenden und Chancenlosen üben, ohne Angst haben zu müssen, selbst dabei zu kurz zu kommen. Auf dieser Linie ruft der Hebräerbrief 10,33 den Christen zu:

> „Ihr seid entweder selbst vor aller Welt beschimpft und gequält worden, oder ihr habt euch mitbetreffen lassen vom Geschick derer, denen es so erging: Ihr habt mit den Gefangenen gelitten und auch den Verlust eures Vermögens freudig hingenommen. Denn ihr wusstet, dass ihr einen besseren Besitz habt, der euch bleibt."

Das Auferstehungsleben – ein Besitz, der bleibt! Deshalb braucht der Hoffende nicht wie gebannt auf die irdisch-immanenten Konsequenzen seines Tuns zu schauen, sondern er kann sich einfach, ohne Furcht, dabei vielleicht draufzahlen zu müssen, vom Guten, Wahren und Richtigen in Anspruch nehmen lassen. So gesehen ist „die Auferstehung die Wurzel allen guten Handelns", wie Cyrill von Jerusalem sagt.[105] Diese Botschaft vom Menschsein unter dem Vorzeichen des in der Auferstehung Christi gründenden, über den Tod hinausgreifenden Hoffendürfens wurde in den ersten Jahrhunderten der Kirche von den Christen selbst und von ihrer heidnischen religiösen Umwelt als *das* „specificum christianum" gesehen. Denn in der heidnischen Umwelt herrschte vom ersten vorchristlichen bis zum beginnenden dritten nachchristlichen Jahrhundert bezüglich des postmortalen Geschicks eine verwirrende Vielzahl dunkler Antworten, radikale Skepsis oder Hoffnungslosigkeit. Dieser Sachverhalt ist besonders hervorzuheben gegen die offenbar unausrottbare Meinung, in der kulturellen Umwelt des frühen Christentums, zumal in der Philosophie, sei die platonische Überzeugung von einer unsterblichen Seele verbreitet gewesen, ihr habe das Christentum „nur" den Glauben an die Auferstehung des Leibes entgegengehalten. Auch wenn dieses Klischee nicht ohne jedes Körnchen Wahrheit ist, geht es aufs Ganze an der Sachlage vorbei. Denn im Volksglauben der damaligen Zeit beherrschten Skepsis und Hoffnungslosigkeit, allenfalls noch ein uneinheitliches Gewirr von phantastischen Jenseitsbildern und tristen Hades-Vorstellungen die Szene. Die gebildete philosophische Welt vertrat zwar nicht selten irgendeine Form des Weiterlebens nach dem Tod, jedoch war sie in ihren konkreten Seelen- und Todesvorstellungen zutiefst widersprüchlich. So schreibt z. B. Cicero in seinen Tusculanen (1,19 ff):

„Es gibt Leute, die der Meinung sind, der Tod sei die Trennung der Seele vom Leib. Es gibt aber auch welche, nach deren Ansicht keine Trennung stattfindet, sondern Seele und Leib gemeinsam zugrundegehen und die Seele im Leib erlischt. Von denen, die der Ansicht sind, dass die Seele sich

---

105 Cyrill v. Jerusalem, cat. 18,1 (= PG 33,1018). Ähnlich auch Augustinus, De cat. rud. 46–49 (= CC 46, 169–173).

trenne, sagen die einen, sie zerfließe sofort, andere, sie halte sich lange, wiederum andere, sie halte sich immer. Was weiter die Seele selbst sei und wo sie sei und woher sie stamme, darüber herrscht eine große Meinungsverschiedenheit."

Und nach einer weiteren langen Aufzählung unterschiedlichster Positionen schließt Cicero mit dem Ausruf: „Welche nun von diesen Meinungen die wahre ist, sieht vielleicht ein Gott; welche die wahrscheinlichste ist, bleibt eine große Frage!" Angesichts dieser Skepsis und mehr noch angesichts einer verbreiteten Hoffnungslosigkeit zeigte sich das Christentum von Anfang an als die Religion, „die von der Vergänglichkeit und dem Tode befreit"[106]. Deshalb war auch die Hoffnung auf ein ewiges Leben für viele Menschen der Antike das entscheidende Motiv, den christlichen Glauben anzunehmen.

Was bedeutet das alles für uns? Machen wir einen großen Sprung in die Gegenwart! Stehen wir nicht in einer ähnlichen Situation wie damals, als der christliche Glaube sich erstmals gerade mit der Botschaft von der universalen, todüberwindenden Hoffnung öffentlich an die Welt richtete? Auch heute bestimmen in unseren Ländern Skepsis, Rat- und Perspektivenlosigkeit die Szene. Und ist nicht auch heute die zwar oft sehr tief verborgene, nichtsdestoweniger wirkmächtige verzweifelte Angst da, dass das Leben sich eigentlich nicht lohnt bzw. dass man ihm, damit es sich überhaupt lohnt, möglichst viel Leben mit allen Kräften und Mitteln abtrotzen muss? Wird aber gerade so die geheime, oft verdrängte Angst nicht immer größer, dass das so ergriffene Leben immer noch „zu wenig" und der Kampf gegen Tod, Sinnleere und Nichtigkeit trotz aller Gegenwehr im Grunde schon verloren ist? Könnte und müsste angesichts dieser Hoffnungslosigkeit und Angst der christliche

---

[106] A. von Harnack, Lehrbuch der Dogmengeschichte, Bd. II, Darmstadt 1964 (= Tübingen 1909), 59.

Glaube seine Relevanz nicht gerade unter dem Stichwort „Hoffnung" erweisen, als solcher bezeugt werden und so die eigentliche Alternative in einer weithin hoffnungslosen Zeit bilden? Dabei wird sich in unserer nachneuzeitlichen Situation Hoffnung weniger als theoretische Leitidee denn vielmehr als Hoffnungspraxis glaubwürdig zu machen haben. Solche Hoffnungspraxis steht schon im Neuen Testament unter zwei Gesichtspunkten. Sie ist erstens passiv-wartende Hoffnung. Das bedeutet, dass der Hoffende im Blick auf Christi Auferstehung sich weigert, die Erfahrung von Sünde und Nichtigkeit, Not und Unglück, Leid und Tod als letztbestimmende Wirklichkeiten hinzunehmen, aber auch, dass er in Geduld, tröstlicher Erwartung und freudiger Gelöstheit auf die neue Welt der endgültigen universalen Auferstehung setzt. Schon diese passive Form der Hoffnung ist für eine glückhaftgelingende Lebens- und Weltgestaltung nicht folgenlos. Denn sie bewahrt vor Resignation und Verzweiflung und gibt damit erst die Freiheit zu einem unverkrampften und sachlichen, geduldigen und gelassenen Leben *in* und Handeln *an* der Welt. Hoffnung ist aber zweitens auch „aktiv"-handelnde Hoffnung. Im Römerbrief (8,24) heißt es: „Durch die Hoffnung sind wir gerettet." Diese kurze, ja verkürzte Formulierung bedeutet, dass Christen „die zur Endvollendung drängende schöpferische Dynamik Gottes in sich" tragen.[107] Es ist jene Kraft des Geistes der Auferstehung, die jetzt schon alles Bestehende zu verflüssigen und in Richtung auf das Erhoffte hin in Bewegung zu setzen sucht. In diesem seinem Geist gegenwärtig, will der auferstehende Herr durch den Hoffenden inmitten der Welt seine Herrschaft gegen alle Mächte des Todes aufrichten. So aber ist Hoffnung, wie Hans Kessler sagt, nicht nur eine Hoff-

---

[107] W. Thüsing, Der Gott der Hoffnung (Rom 15,13), in: W. Heinen – J. Schreiner (Hrg.), Erwartung – Verheißung – Erfüllung, Würzburg 1969, 76.

nung „über Tod und Unrecht hinaus (eine Hoffnung für die Verstorbenen), sondern auch gegen Tod und Unrecht (eine Hoffnung für die Lebenden); und ... entlässt aus sich eine dementsprechende Praxis der Auferstehung"[108]. Der vom Geist der Hoffnung Ergriffene findet sich nicht ab mit dem, was in der Welt ist und wie es ist, sondern er setzt auf das, was Gott möglich ist; er löst Prozesse aus, in denen er bereits jetzt der erwarteten neuen Welt Gottes entgegengeht, der endgültigen Communio mit Gott und den Brüdern und Schwestern. So wird Hoffnung zum Dienst am kommenden Reich Gottes im Hier und Heute der Welt. Sie wird zum ständigen Impetus, Zeichen des Reiches Gottes und des siegreichen neuen Lebens im Reich des Bösen und in den Machtsphären des Todes aufzurichten.

Diese Grundbestimmung „Hoffnung", die sich festmacht im Glauben an die Auferstehung Christi, hat sich schon früh verbunden mit der Bekenntnisformel: „Ich glaube an die Auferstehung des Fleisches." Was bedeutet das genauer?

2. „Auferstehung des Fleisches" – unterwegs zum gemeinsamen Ziel

Die Formulierung „Fleisch" hat im Laufe der Theologiegeschichte ihren Sinn tiefgreifend verändert. Ursprünglich – so schon vermutlich im frühen stadtrömischen Symbolum – hat Fleisch im Zusammenhang mit „Auferstehung des Fleisches" nicht die Bedeutung eines anthropologischen Teilprinzips (dessen Gegen-Teil die Seele bzw. der Geist ist). Vielmehr beinhaltet Fleisch ganz auf der Linie alttestamentlichen Sprachgebrauchs die Totalität der Schöpfung, die in ihrer Begrenztheit

---

[108] H. Kessler, Sucht den Lebenden nicht bei den Toten, Düsseldorf 1985, 369.

und Niedrigkeit, aber auch in ihrer gegenseitigen Verwobenheit Gott dem Schöpfer gegenübersteht. In diesem Sinn ist die ganze Schöpfung „vergängliches Fleisch". Und deshalb ist Fleisch geradezu ein Synonym für die als Einheit verstandene Schöpfung („Alles Fleisch wird schauen Gottes Heil": Jes 40,5). Somit geht es beim *ursprünglichen* Bekenntnis zur Auferstehung des Fleisches zutiefst um „Gottes Treue zu seiner Schöpfung in der Geschichte"[109], um die universale Gültigkeit seiner messianischen Verheißungen. Dieser universale Charakter der Auferstehung ist klar im Neuen Testament begründet, er reicht aber ins Alte Testament und in die zwischentestamentliche Zeit zurück, da bereits für jüdisches Verständnis die Auferstehung kein je individuelles, sondern ein universales, Äonen wendendes Ereignis ist. Auferstehung der Toten in der Zuspitzung von Auferstehung des Fleisches bedeutet also, dass sowohl die Auferstehung Jesu selbst wie auch die jedes einzelnen Menschen erst ihre Fülle und Vollendung finden, wenn alle miteinander ihr Ziel: das ewige, selige Leben bei Gott, erreicht haben. Auferstehung des Fleisches heißt somit kurz gesagt: „miteinander auferstehen"[110].

Dieser communiale Charakter der Vollendung wurde theologisch vor allem in der Auseinandersetzung mit der Gnosis und mit der platonisch gestimmten Philosophie des 2.–4. Jahrhunderts entfaltet und reflektiert. Denn hier waren die Vollendungsvorstellungen strikt am Individuum orientiert. Und diesem individualisierten, an der je einzelnen Seele orientierten Vollendungsgeschehen hielten die kirchlichen Theologen den Glaubenssatz von der Auferstehung des Fleisches entgegen, und zwar zunächst einmal – wir werden gleich noch andere

---

109 G. Kretschmar, Auferstehung des Fleisches, in: Leben angesichts des Todes, FS H. Thielicke, Tübingen 1968, 132.
110 Siehe dazu Ch. Duquoc, Le salut des corps: De l'immortalité à la resurrection, in: LV 33, Nr. 166 (1984), 85–94.

Akzentuierungen sehen – dadurch, dass sie die Universalität und „Communialität" der Vollendung herausstellten. Weil Auferstehung als „Auferstehung des Fleisches" ein Gemeinschaftsgeschehen ist, kann nicht im je einzelnen Tod schon letzte Vollendung geschehen. Der Einzelne muss *warten* auf die Gemeinschaft, in der und mit der zusammen er sein letztes Ziel erreicht. Ja sogar Christus muss für die letzte Vollendung warten auf das Ans-Ziel-Kommen aller Glieder seines Leibes. Die Kategorie „Warten auf die anderen" ist ganz eng mit dem Gedanken der Auferstehung des Fleisches verbunden. Gerade so wird in höchster Zuspitzung der communiale Charakter menschlicher Vollendung, von dem vor allem schon im 1. Kapitel die Rede war (S. 41 ff), herausgestellt. Die eindringlichste Formulierung hat dafür wohl Origenes gefunden:

„Du wirst zwar Freude haben, wenn du als Heiliger von dieser Erde scheidest; dann aber erst wird deine Freude voll sein, wenn dir kein Glied mehr fehlt. Warten wirst nämlich auch du, wie du selbst schon erwartet wirst. Wenn es aber dir, der du Glied bist, keine volle Freude scheint, solange *ein* Glied fehlt, um wie viel mehr muss es unser Herr und Heiland, der das Haupt und der Urheber dieses Leibes ist, für keine volle Freude ansehen, wenn er noch immer Glieder seines Leibes entbehren muss? ... Er will nicht ohne dich seine volle Glorie empfangen, das heißt: nicht ohne sein Volk, das ‚sein Leib' ist und ‚seine Glieder'."[111]

Die Erwartung einer Auferstehung des Fleisches insistiert mithin darauf, dass christliche Hoffnung wesentlich Hoffnung mit anderen zusammen und für die anderen ist. Wenn aber Hoffnung – wie gezeigt – das christliche Leben zutiefst bestimmt, prägt und formt, dann ergibt sich, dass auch der Glau-

---

111 Origenes, Hom. über Lev. 7,2, zit. nach H. de Lubac, Glauben aus der Liebe, dt. Einsiedeln 1970, 373. Das ganze, oben nur auszugsweise angeführte und in der Übersetzung modifizierte Zitat findet sich ebd. 368–373. Weitere ähnliche Vätertexte bei de Lubac, ebd. 101–118.

be an eine Auferstehung des Fleisches in seiner anthropologischen Konsequenz auf die Lebenspraxis hier und jetzt zurückschlägt, insofern er die „communiale" Grundstruktur menschlichen und christlichen Lebens urgiert. Wer wirklich an die Auferstehung des Fleisches glaubt, erkennt damit an, dass das Personsein vor Gott nicht in einem isolierten Individuum-Sein besteht, sondern in einem Zusammen- und Vermittelt-Sein mit anderen und durch andere. Personsein erfüllt sich, wie schon S. 32 ff aufgezeigt, in Communio, und christliches Handeln ist wesentlich communiales Handeln.

3. Zur „Leibhaftigkeit" und „Konkretheit" menschlichen Lebens

Es wurden soeben die Konsequenzen bedacht, die sich aus der Hoffnung auf „Auferstehung des Fleisches" ergeben, sofern man unter Fleisch seinem ursprünglichen Sinn nach die ganze Schöpfung, nämlich die vernetzte Menschheit, versteht. Nun hat aber der Ausdruck „Fleisch" in der Auseinandersetzung mit Doketismus und Gnosis noch eine andere, neue Bedeutung angenommen, nämlich die eines anthropologischen Gegenbegriffs zu Geist bzw. Seele. Der Hintergrund für diesen Bedeutungswandel sei kurz erläutert.

Für die Gnostiker (ähnlich auch für die Doketisten) war – ganz auf der Linie platonischen Denkens – die Geistseele die eigentlich bestimmende Wirklichkeit des Menschen. Das Leib-Sein, das konkrete In-der-Welt-Sein, kurz „das Fleisch" bedeutete dagegen Existenz unter entfremdenden, uneigentlichen Bedingungen. Die Materie war das Gottferne, ja bei den Gnostikern sogar das Widergöttliche. Entsprechend war Erlösung identisch mit der Befreiung der Geist-Seele vom Leib und von seinen Bedingungen; Erlösung war Loslösung vom „Fleisch".

Denn dieses – so lautete ein gnostischer Grundsatz – war „heilsunfähig" (σὰρξ μὴ δεκτικὴ σωτηρίας). Diese negative Beurteilung des Materiellen schlug voll in die gnostische Lebenspraxis durch. Dabei konnte die Konsequenz ein doppeltes Gesicht tragen, das aber auf ein und denselben Grund zurückging: Entweder unterjochte man in einem radikalen Aszetismus alles Leiblich-Materielle, um durch aszetische Distanzierung das Eigentliche des Geistes gegen die leiblich-materielle Entfremdung zu behaupten, oder man stürzte sich geradezu in den Rausch sinnlicher Triebe und materieller Vergnügungen, weil das Eigentliche des Geistes ja ohnehin davon unberührt blieb und die Geistseele sich durch ungehemmten Libertinismus noch einmal mehr in ihrer Überlegenheit über die Dimension des Sinnlich-Materiellen bestätigte. In beiden Verhaltensmöglichkeiten geschah also eine bewusste Distanzierung von der leibhaftigen Konkretheit menschlichen Existenzvollzuges.

Demgegenüber nahm in der kirchlichen Theologie der Begriff „Fleisch" im Bekenntnis zur Auferstehung des Fleisches eine neue Bedeutung an. Motiviert einerseits vom Schöpfungsglauben, nach welchem Gott alles, auch die materielle und leibliche Welt, geschaffen hat, und andererseits vom biblischen Zeugnis der Ostererscheinungen des Auferstandenen, die mit ihrer Betonung der Leibhaftigkeit schon einen deutlich antidoketischen Akzent tragen, identifizierte man den überkommenen Begriff „Fleisch" mit dem *Leib* des Menschen (im Sinne eines anthropologischen Gegenstücks zur „Seele") und darüber hinaus mit der Sphäre der materiellen Welt überhaupt. „Auferstehung des Fleisches" ist in dieser neuen Bedeutung identisch mit „Auferstehung des Leibes" bzw. „Auferstehung der ganzen konkreten materiellen Welt". In diesem Sinn wurde der Glaube daran zum schärfsten Protest gegen Gnosis, Doketismus und Platonismus. Das Bekenntnis zur Auferstehung

des Fleisches ist das große „praeconium carnis" (Tertullian), der „große Hochgesang auf das Fleisch". Denn im Bekenntnis zur Auferstehung des Fleisches laufen für die altkirchliche Theologie alle tragenden Fäden des christlichen Glaubens zusammen:
- der Glaube, dass „das Fleisch", d.h. die ganze Schöpfung und der ganze Mensch, von Gott geschaffen sind und dass Gott dieses sein Werk vollenden wird;
- der Glaube, dass alles Geschaffene erlöst ist und dass diese Erlösung sich gerade dadurch verwirklichte, dass der Erlöser ins „Fleisch" kam, es angenommen und in Gottes Leben hineingetragen, ja hineinverwandelt hat;
- der Glaube, dass Erlösung und Heil durch die σὰρξ, nämlich durch Kirche und Sakramente, besonders durch die Eucharistie, vermittelt werden;
- der Glaube, dass ein gerechtes Handeln „im Fleisch", d.h. im Leib und in der konkret-materiellen Welt von höchster Bedeutung ist, weil gerade „das Fleisch" von Gott gerichtet wird und für immer Zukunft hat.

Mit dieser Hervorhebung der σὰρξ setzte die kirchliche Theologie an die Stelle der gnostischen „Ethik" – entweder Aszetismus oder Libertinismus – das Prinzip der „Verantwortung im Fleisch". Das heißt: Es gilt, gerade in der Konkretheit des materiellen Hier und Jetzt verantwortliche Praxis zu realisieren. Statt sich intellektuell zu distanzieren, statt sich sozusagen durch Dauerreflexion der Vernunft immer aus allem Konkreten herauszuhalten, bekennt der christliche Glaube die konkrete fleischliche Vermittlung des Heils durch das Fleisch des Logos, durch die Fleischlichkeit der Kirche (ihres Amtes und ihrer Sakramente), durch die Fleischlichkeit geschichtlicher Herausforderungen.

Dieses vom Blick auf die Auferstehung des Fleisches motivierte Insistieren auf dem „Fleisch" war für die damalige antike Kultur durch und durch anstößig, es war die christliche Provokation schlechthin. Diese Anstößigkeit bestätigen viele Theologen der ersten christlichen Jahrhunderte. Noch Augustinus schreibt: „In keinem anderen Punkt widerspricht man dem christlichen Glauben so vehement, so hartnäckig, so verbohrt und so aggressiv wie in Bezug auf die Auferstehung des Fleisches."[112]

Dabei war es aber gerade diese Betonung der Fleischlichkeit, d. h. der Dimension des Leiblich-Materiellen, die eine neue christliche Anthropologie, ja eine neue Sicht und Bewertung der ganzen Wirklichkeit eröffnete, in welcher der Leib und die leiblichen Vollzüge, die sichtbar-materielle Welt sowie die konkreten gesellschaftlichen Relationen eine ungeheuer positive Einschätzung erhielten. All dies hängt zwar nicht ausschließlich, aber doch wesentlich mit der Hoffnung auf die Auferstehung des Fleisches zusammen, auch wenn das Christentum nicht selten Tribut an den Zeitgeist gezahlt hat und selbst in asketische Leibfeindlichkeit flüchtete. Prinzipiell aber war und ist der christliche Glaube von einer Bejahung des Leiblichen geprägt, wie sie größer nicht denkbar ist. Davon zeugt z. B. ein neues Verhältnis zur Handarbeit. Während körperliche Arbeit in der ganzen Antike, zumal innerhalb der von Platonismus und Gnosis beeinflussten Atmosphäre weithin verpönt und darum eine Sache für Sklaven war, bringt das Christentum, vermittelt vor allem durch die Mönche, ein neues Ethos für das arbeitende Umgehen mit der materiellen Welt. Gerade weil Leib und Materie unter dem Vorzeichen der verheißenen Auferstehung des Fleisches stehen, ist ein arbeitendes Umgehen mit der Welt nicht nur sinnvoll, sondern geradezu gefordert: Es ist ein Medium christlicher Hoffnungspraxis. Weiter zeugt von der Leib- und Materiebejahung auch der aus der Mitte des christlichen Glaubens entspringende Wille zur Weltgestal-

---

112 En. in Ps 138, II, 5 (= CC 39, 1237).

tung, vor allem die Entstehung eines weitgespannten Sozialwesens, das ja zutiefst „Leibsorge" ist. Beschränkte sich – sieht man vom Institut der Armenfürsorge und -speisung ab – das „Sozialwesen" der Antike (wenn man davon überhaupt sprechen kann) zumeist auf den familiären Raum und war es hier vor allem auf reiche Familien beschränkt (Ärzte waren ohnehin den Reichen vorbehalten, Kranken- und Pflegehäuser kannte man nicht), so weitete sich schon in der frühen Christenheit der Blick auf die umfassenden leiblichen Nöte und Bedürfnisse der Menschen. Diese „Hoffnungspraxis" ging weiter in der Geschichte der Christenheit: Die ersten Hospitäler und Pflegeheime entstanden im Raum des christlichen Glaubens und aus christlicher Weltverantwortung heraus; die ersten Pflege-„Organisationen" waren religiöse Gemeinschaften; die Ersten, die sich durch Gründung entsprechender Institutionen der erheblich Behinderten (Geisteskranken, Aussätzigen) annahmen, waren exemplarische Christen. Von dieser neuen Anthropologie zeugt schließlich auch die Grundidee der sakramentalen, d.h. sich leiblich-sinnenhaft realisierenden Heilsvermittlung sowie die in sichtbaren Zeichen und Verhaltensweisen sich verwirklichende christliche Spiritualität.

Diese knappen Hinweise dürfen nicht falsch verstanden werden. Die Geschichte der Christenheit war alles andere als ein strahlender Prozess leibhaftig-konkreter Weltgestaltung und Weltverantwortung. Christen waren die Ersten, die ihrem eigenen Programm durch Schuld und Sünde, Vergessen und Verdrängen untreu wurden. Und doch liegt in der christlichen Hoffnung auf Auferstehung des Fleisches ein Impetus, der trotz allen menschlichen Versagens zu einem neuen Menschen- und Weltverständnis geführt hat.

Machen wir wieder einen Sprung in die Gegenwart, die geistig gar nicht so weit von der durch die gnostischen Auseinandersetzungen gekennzeichneten Zeit der ersten Jahrhunderte entfernt liegt. Deswegen werden auch manche kultursoziologischen Erscheinungen und Vorgänge heute von einigen Zeitkritikern als eine Art Neo-Gnosis charakterisiert.[113] Um dies zu diagnostizieren, kann man an eines der ambivalentesten Reizworte der Gegenwart anknüpfen: „Selbstverwirklichung". Auch wenn das Wort als solches äußerst vieldeutig ist und durchaus auch einen passablen Sinn annehmen kann,[114] wird es meist, wie in der Gnosis, auf das isolierte Individuum bezogen (*Ich* muss mich selbst verwirklichen!). Diese pointiert individuelle Verwirklichung spielt sich unter einem dem gnostischen Klima sehr ähnlichen ambivalenten, janusköpfigen Vorzeichen ab: Selbstverwirklichung geschieht entweder durch Rückzug aus der äußeren Welt in die Dimension der Innerlichkeit, in den privaten, intimen Bereich hinein (Stichworte: neue religiöse Welle, Meditationsbewegung, introvertierte „geistliche Gruppen", „Mit Jesus ins Grüne!", radikal-alternative Existenz). Man kehrt der konkreten Welt den Rücken und zieht sich auf sich selbst oder seine eigene „warme Gruppe" zurück, eine Haltung, die nicht weit vom radi-

---

113 Reiches Material und weitere Lit. dazu in: J. Taubes (Hrg.), Gnosis und Politik, München u. a. 1984.
114 Zur Herkunft und Problematik dieses Begriffs vgl. die Studie von M. Theunissen, Selbstverwirklichung und Allgemeinheit, Berlin-New York 1982. Theunissen zeigt, dass mit Selbstverwirklichung ursprünglich „die Vorstellung einer Entfaltung der je eigenen Individualität" gemeint ist (2). Damit verbindet sich aber im nachhegelschen Denken mehr und mehr die Meinung, „der Mensch könne seine Individualität nur entfalten, wenn er sich aus gesellschaftlichen Verhältnissen löst oder sich gar von allen zwischenmenschlichen Beziehungen zurückzieht" (ebd.). Dieser negative Aspekt des Selbstwerdens ohne, ja gegen das andere und die anderen wird verständlich, wenn man bedenkt, dass sich damit der Einzelne gegen seine gesellschaftliche Funktionalisierung zur Wehr setzt. Das Individuum will sich mit dem Programmwort Selbstverwirklichung emphatisch einen Freiraum gegen schlechte Fremdbestimmung sichern. Doch wird dabei die Entfaltung der Individualität nicht selten als „Entfaltung von Macht, als ein Prozess, in welchem der Einzelne durch Abwendung von den anderen sich vor allem seiner selbst bemächtigt", verstanden (47 f).

kalen Aszetismus der Gnosis entfernt ist. Oder – die andere Möglichkeit! – man sucht Selbstverwirklichung in einer Art von neuem Libertinismus zu finden. Hier heißt die Parole: So viel Welt wie irgend möglich zu konsumieren (Stichworte: Vergnügen, event, Genuss, Sex, Drogen, wellness, alles möglichst unbegrenzt und hemmungslos). Was bei beiden Formen der Selbstverwirklichung herausbleibt, sind – wieder ganz auf gnostischer Linie – die Weltverantwortung, das Ernstnehmen der konkreten Welt und ihrer Herausforderungen und nicht zuletzt der Wille zum „Konkret-Werden", zum Eingehen von Bindungen, von Treue, von verantwortlichem Engagement. Nicht selten fehlt heute die Überzeugung, dass gerade im „Konkreten": in der Übernahme von Verantwortung, im Eingehen von Bindungen, im Aushalten oder Umgestalten von vorgegebenen Situationen (vgl. auch die Erörterung über den „Alltag": S. 93 ff), uns die von Gott gestellte Lebensaufgabe angetragen wird. „Auferstehung des Fleisches" könnte auch heute als „Chiffre" und als „Imperativ" dafür stehen, dass das „Fleisch", die anstößig-konkrete Lebens- und Weltsituation, wie sie ist, Ort der Gegenwart Gottes und seiner Lebensverheißung ist, aber auch Ort der Bewährung christlichen Handelns, das – kurz in einem jetzt schon oft erörterten Begriff gefasst – auf „Communio-Werdung" ausgerichtet ist und im Reich Gottes seine Erfüllung finden wird.

4. In und an der Welt handeln

Den Zusammenhang zwischen christlicher Praxis in dieser Welt und Hoffnung auf das Reich Gottes hat auch das II. Vatikanische Konzil an verschiedenen Stellen hervorgehoben:[115]

---

115 Die entsprechenden Konzilstexte sind kurz zusammengestellt im Schlussdokument der Internationalen Theologenkommission vom Oktober 1976

Die Christen haben die Aufgabe, ihre Hoffnung „in den Strukturen des Weltlebens auszudrücken" (LG 35). Hier soll „die Erneuerung der Welt in gewisser Weise wirklich vorausgenommen" werden (LG 48). Irdische Existenz und Geschichte sind deshalb sowohl der „Vorraum", in dem es schon jetzt „eine umrisshafte Vorstellung von der künftigen Welt" geben kann, wie auch das „Material", das der Mensch bereiten und in das kommende Reich Gottes einbringen soll (GS 38 f). Zwar gibt es eine Differenz zwischen dem Wachsen des Reiches, das Gott allein heraufzuführen vermag und das die Dimensionen dieser Welt sprengt, einerseits und einer progressiven Gestaltung der Wirklichkeit, die dem Menschen möglich ist und durch die er die Welt seinem Glücksverlangen unterwirft andererseits. Doch darf über der Unterscheidung die Zuordnung beider Dimensionen nicht übersehen werden: In der Kraft des Geistes der Auferstehung vermag der Hoffende das Vorletzte seines Lebens und seiner Welt in Richtung auf das letzte Heil der Auferstehung hin in Bewegung zu setzen, so dass in den Gestaltungen von Gerechtigkeit und Frieden, Liebe und Einheit die künftige Auferstehung auf die Gegenwart ihren Vorschein wirft und umgekehrt alles Gelungene als „Ernte der Zeit" in das universale Heil der Auferstehung eingebracht wird.

So sehen wir: Die Botschaft von der Auferstehung Christi ist die vielleicht folgenreichste Glaubenswahrheit für das christliche Menschenbild und Weltverständnis und vor allem für jede christliche Spiritualität. Diese Botschaft gewährt vor allem Hoffnung, Hoffnung unter allen Bedingungen, Hoffnung über alle Grenzen, auch die des Todes, hinaus. Darüber hinaus ist es eine Hoffnung, die – wie wir entlang der Entwicklung

in Rom, „Zum Verhältnis zwischen menschlichem Wohl und christlichem Heil", in: K. Lehmann u. a., Theologie der Befreiung, Einsiedeln 1977, 187 ff. Siehe dazu auch K. Rahner, Über die theologische Problematik der „Neuen Erde", in: Schriften zur Theologie VIII, 580–592.

des Glaubenssatzes von der Auferstehung des Fleisches gesehen haben – wesenhaft solidarisch und communial ist, die in die Konkretheit des Lebens und der Welt einweist und zu einem geschichtlichen Handeln herausfordert, das einen Vorschein der von Gott verheißenen großen Communio im Auftrag und in der Kraft Gottes zu verwirklichen sucht. Gewiss, solange wir unterwegs sind, ist und bleibt sie eine Hoffnung unter Anfechtungen und Widerwärtigkeiten, ein Hoffen ins Dunkle und ins Unübersehbare hinein, oft ein „Hoffen wider alle Hoffnung". Dazu noch einmal Paulus:

„Hoffnung, die man schon erfüllt sieht, ist keine Hoffnung. Wie kann man auf etwas hoffen, das man sieht? Hoffen wir aber auf das, was wir nicht sehen, dann harren wir aus in Geduld" (Röm 8,24f).

Und in dieser Geduld hat der, der auf die Auferstehung hofft, einen langen Atem und große Zuversicht in seiner Lebenspraxis hier und jetzt.

Diese christliche Hoffnungsperspektive, in der nicht nur der Tod, sondern vor allem auch das Leben steht, ist unaufgebbar verbunden mit einem vitalen persönlichen Verhältnis zu Gott, das sich in besonderer Ausdrücklichkeit für gewöhnlich im Gebet verwirklicht und äußert. Ohne die ständige Basis des Gebets verdunsten Glaube und Hoffnung und das Ausgespanntsein auf Sinn und Ziel des Lebens: auf die Communio mit Gott und den vielen Brüdern und Schwestern. Darum soll eine Besinnung auf das Spezifikum christlichen Betens den Schluss unserer Erörterung bilden.

Achtes Kapitel
Beten im Angesicht des drei-einen Gottes

1. Gebet als „sprechender Glaube"

Immer wieder stießen wir bereits auf die Bedeutung des Betens. Schon das Thema „Hören auf den Ruf" riss den Horizont des Gebets auf: Nur im Hören und Antwortgeben, d. h. im Gespräch mit Gott, vermag der Mensch die Einmaligkeit seines Auftrags zu erkennen. Auch Alltag und Wüste sind strikt mit dem Faktor Gebet verknüpft: Der Alltag erscheint oft wie ein Gefängnis mit hohen Mauern, die allein in „Sabbat" und „Fest", d. h. im betenden Blick auf eine „andere Wirklichkeit", die Gottes, aufgebrochen werden; die Wüste hingegen zeigt sich als ein bevorzugter Ort der Gottesbegegnung. Schließlich setzt auch die Erfahrung der Nähe Gottes „in allen Dingen" Gebet, nämlich vor allem das „Gebet der Aufmerksamkeit", voraus. In all diesen „Topoi" ging es im Grunde um ein sammelndes, kontemplatives Sich-vor-Gott-Besinnen. Dies ist nicht die einzige Form des Gebets. Es gibt darüber hinaus das Gebet der Anbetung, des Lobpreises und des Dankes, das Gebet der Reue und des

Vorsatzes, das Gebet der Bitte und der Klage. Und auch damit sind noch nicht alle Dimensionen des Gebetes genannt. Denn wenn – nach einer treffenden Kurzdefinition von Otto Hermann Pesch – das Gebet „sprechender Glaube" ist, so beten wir immer und in allen nur denkbaren Situationen dann, wenn wir aus dem Glauben heraus mit Gott sprechen und in diesem Sprechen unser ganz persönliches Verhältnis zu Gott aktualisieren. Und ohne solches Sprechen mit Gott wird der Glaube bald verdunsten.

Glaube aber ist nach christlichem Verständnis Antwort auf das, was Gott in Schöpfung und Geschichte getan hat, tut und tun wird, er ist vor allem Antwort darauf, dass er sich in seinem Wirken dem Menschen ganz und ohne Vorbehalt mitgeteilt hat. So richtet sich der Glaube nicht auf einen Gott, der als unerreichbare Asymptote menschlicher Sehnsucht der schlechthin Entzogene ist oder den der Mensch sich selbst aus seiner religiösen Anlage heraus entwirft oder der gar identisch ist mit der Tiefe des eigenen Selbst. Der Gott der Christen hat sich vielmehr dem Menschen greifbar gemacht, sich ihm erschlossen und ihm sein Innerstes mitgeteilt. Dieses „Innerste" Gottes ist sein eigenes trinitarisches Leben. Weil diese Selbstmitteilung des drei-einen Gottes das christliche Beten zutiefst qualifiziert, ist noch einmal an Ausführungen zu erinnern, die wir anfangs (S. 32 ff) gemacht haben.

Christen glauben an den einen Gott in drei Personen. Dabei liegt die Einheit des trinitarischen Gottes nicht vor der Vielheit der Personen, auch ist sie nicht das Resultat des Zusammengehens verschiedener Personen, ebenso gibt es keine irgendwie geartete Unterordnung einer Person unter eine andere. Vielmehr ist die Einheit Gottes eine über allem Begreifen liegende, ursprüngliche Beziehungseinheit der Liebe, in der die drei Personen sich gegenseitig das eine göttliche Leben vermitteln und in diesem Austausch sich sowohl als unterschieden wie auch als zuhöchst eins erweisen. In diesem Sinn ist Gott, also das Höchste, was „es gibt", Gemeinschaft.

Daran war nochmals zu erinnern, um für die trinitarischen Dimensionen des christlichen Betens den rechten Verständnisrahmen zu schaffen. Denn wenn Gebet „sprechender Glaube" ist, so hat es dem Gott, an den es sich gläubig wendet – und das ist, christlich gesehen, der drei-eine Gott –, zu „ent-sprechen". Da dieser trinitarische Glaube aber verschiedene „Aspekte" hat, kann ebenso das korrespondierende Gebet verschiedene Formen annehmen, die freilich so eng zusammengehören wie die Seiten eines Dreiecks.

2. Die „westliche" trinitarische Gebetsdimension: „Im Heiligen Geist durch Christus zum Vater"

Ein erster „Aspekt" trinitarischen Betens, der sich seit alters vor allem in der westlichen, abendländischen Kirche findet, ist die Praxis, zum Vater – durch und mit Christus – im Heiligen Geist zu beten.

Diese Gebetsordnung entspricht der Weise, wie der drei-eine Gott sich in der Geschichte dem Menschen voll Liebe zugewandt und Gemeinschaft mit ihm gesucht hat: Vom Vater geht alles aus – sein Heilsplan verwirklicht sich durch die Sendung Christi – diese Sendung zielt hin auf die Geistgabe an die Menschen, damit diese dann (gewissermaßen umgekehrt) befähigt im Geist – durch und mit Christus – zum Vater gelangen. In diesem trinitarischen Prozess des „Ausgangs" aus dem Vater und der „Heimkehr" zu ihm ist das Gebet angesiedelt.

Im Blick auf die Bewegung des „Heimwärts" (Geist → Christus → Vater) ist das Gebet Ausdruck des Dankes, der Bitte und der Sehnsucht: des Dankes für die Liebe Gottes sowie für das von ihm empfangene und verheißene Heil, nämlich die Einheit mit ihm und untereinander; es ist weiter Ausdruck der Bitte um Beistand auf dem Weg zur vollendeten Einheit, und es ist Ort der kontemplativen Sehnsucht, in der der Beter sich für die Gaben Gottes öffnet und bereithält. All diese Gebetsweisen sind trinitarisch strukturiert, da sie sich im Heiligen Geist mit dem Gebet des Mittlers Jesus Christus vereinen und sich durch ihn an den Vater wenden. Im Geist rufen wir durch und mit ihm: Abba, lieber Vater (vgl. Röm 8,15).

Im Blick auf die Bewegung des „Ausgangs" (Vater → Christus → Geist) ist christliches Beten Teilhabe an der vom Vater ausgehenden Sendung Christi in die Welt. Denn die Gemeinschaft (mit Gott und untereinander), die uns schon geschenkt wurde und deren Vollendung uns verheißen ist, bedeutet nicht nur Gabe, sondern zugleich auch Auf-Gabe, sich für das gemeinsame Heil aller senden zu lassen: Betend stellt sich der Glaubende mit in die Sendung Jesu hinein; er erklärt seine Bereitschaft, sich in Dienst nehmen zu lassen und dafür verfügbar zu sein, Jesus Christus im Heiligen Geist „zugesellt" zu werden (Ignatius v. Loyola). Eine andere Weise des „Gebets der Sendung" ist das fürbittende und stellvertretende Gebet für die andern. Auch darin wird die Sendung Jesu, der für uns alle Fürbitte geleistet hat und stellvertretend „in die Bresche" gesprungen ist, durch uns gewissermaßen „verlängert".

Das betende Aus-Sprechen des Glaubens muss sich nicht unbedingt ausdrücklich artikulieren und erst recht nicht reflektieren. „Oft – so Paulus – wissen wir gar nicht, was wir beten sollen, wie es sich gebührt" (Röm 8,26). Eben dann „kommt der Geist unserer Schwachheit zu Hilfe" und „tritt für uns ein mit unaussprechlichen Seufzern". Das heißt: Der Geist ist es, der uns im Verstummen und Unvermögen der eigenen Worte gleichwohl mit dem Gebet Jesu und seiner Sendung vereint und uns so in die unaussprechliche Wirklichkeit des Vaters einführt. So zeigt sich auch hier noch einmal die trinitarische

Ordnung des Betens, wie sie seit alters vor allem die liturgischen Texte der abendländischen Kirche bestimmt. Hierin gibt es ursprünglich, anders als etwa in zahlreichen Kirchen des Ostens, kaum ein Gebet zu Jesus Christus, noch weniger eines zum Heiligen Geist, sondern nur ein an der trinitarischen Heilsgeschichte ausgerichtetes Gebet zum Vater – durch Christus – im Heiligen Geist.

3. Die „östliche" Perspektive: Eingeborgen in die Communio des trinitarischen Gottes

Richtet sich der Blick der westlichen Kirche vor allem auf das Handeln des trinitarischen Gottes in der Geschichte, so waren die Kirchen des Ostens von Anfang an sehr viel mehr von den Auseinandersetzungen um das Wesen Jesu Christi und des Heiligen Geistes und damit um das Leben des drei-einen Gottes, wie es „in sich" ist, bestimmt. Entsprechend wurden diese Kirchen auch unmittelbarer von den Lehrentscheidungen der beiden großen „trinitarischen" Konzilien, dem von Nizäa (325) und dem von Konstantinopel (381), geprägt. Diese Konzilien betonen, dass nicht nur dem Vater, sondern auch dem Sohn und Geist das eine und gleiche göttliche Wesen, das eine göttliche Leben, die eine göttliche Herrlichkeit zukommen. Deshalb wird die ursprüngliche Doxologie „Ehre sei dem Vater durch den Sohn im Heiligen Geist" (wie sie sich noch heute der Sache nach am Schluss der westkirchlichen Hochgebete findet) umgeformt zu „Ehre sei dem Vater *und* dem Sohn *und* dem Heiligen Geist". Das Gebet richtet sich also nicht mehr nur an den Vater, sondern in gleicher Weise an jede der drei göttlichen Personen. Diese stehen aber nicht gleichsam „nebeneinander", so wenig der Glaube an den drei-einen Gott ein „Dreigötterglaube" ist, sie bilden vielmehr eine – über allem menschlichen Begreifen liegende – Beziehungseinheit, in der sie in vollendeter Liebe ihr gemeinsames göttliches Leben vollziehen. Das Gebet als „sprechender" Glaube „ent-spricht" dieser Gegebenheit, indem sich der Beter in diese Gemeinschaft des drei-einen Gottes hineinnehmen lässt.

Natürlich vereinigt sich auch im anfangs skizzierten trinitarischen Gebet der Westkirche der Beter mit dem drei-einen Gott, aber es ist eine Vereinigung, die eher Einbezug in den heilsgeschichtlichen Prozess des „Ausgangs" und der „Rückkehr" (vom Vater durch Christus zur Geistsendung; vom Geistwirken durch Christus zum Vater) beinhaltet. Demgegenüber verstehen die Kirchen des Ostens das trinitarische Beten eher als Einbeziehung in die Communio des drei-einen Gottes selbst. Im Beten öffnet sich gleichsam ein Raum, in dem ich nicht mehr Gott gegenüberstehe, sondern buchstäblich in sein Leben hineingenommen bin. Anschaulich am uralten Trinitätssymbol des Dreiecks illustriert: Der Beter steht nicht der im Dreieck symbolisierten Trinität gegenüber, sondern er hat seinen Platz in dem durch die Dreiecksseiten gebildeten Raum des dreifaltigen Gottes selbst.

Dieser Aspekt des Gebetes zeigt mehr noch als der erste, dass wir uns betend nicht an einen Gott wenden, der gleich einer einsamen allmächtigen Monade oder wie ein monarchischer „Supervater" irgendwie und irgendwo – mit Schiller gesprochen – „überm Sternenzelt" wohnt. Gott ist Communio, in die wir durch das Gebet hineingenommen werden und betend „mitten darin" stehen. Im trinitarischen Beten zeigt das Pauluswort aus der Apostelgeschichte: „In Ihm leben wir, bewegen wir uns und sind wir" (Apg 17,28), seinen letzten und tiefsten Sinn.

In der trinitarischen Communio, die sich uns im Gebet öffnet, hat jede der göttlichen Personen ihre Besonderheit. Keine ist eine „Verdoppelung" der anderen. Darum kann ich auch

mein Gebet in spezifischer Weise an die eine oder andere Person richten, so wie es meiner persönlichen Situation oder dem jeweiligen Gebetsinhalt am besten entspricht. Auf diese Weise habe ich es im Gebet gewissermaßen auf eine dreifach verschiedene Weise mit Gott zu tun. Er ist
- der Vater, der unendlich erhabene Gott „*über uns*", der Urgrund allen Seins, der uns unendlich liebt und uns Geschöpfe in sein göttliches Leben hineinziehen will;
- der Sohn Jesus Christus, das Wort Gottes, das uns anspricht, befreit und sendet, der Gott „*mit uns*", der bis in die letzten Abgründe menschlichen Lebens hinein einer von uns wurde und der uns als Bruder durchs Leben begleitet;
- der Heilige Geist, der Gott „*in uns*", der von innen her Gottes Wort verstehen lehrt und uns zur Antwort befähigt und drängt, der alles Geschaffene untereinander und mit dem dreifaltigen Gott zur Einheit verbindet.

Wenn wir im Blick auf diese „Besonderheit" der göttlichen Personen unser Gebet an die eine oder andere „adressieren", heißt das nicht, dass es nicht eo ipso auch an die anderen gerichtet ist. Denn die „Besonderheit" der einzelnen Person in Gott ist nichts „Exklusives", etwas, was sie von den anderen „unter-scheidet" im Sinne von trennt, absondert, vereinzelt, vielmehr hat jede ihr „Besonderes" in der Weise zu eigen, dass es durch sie zugleich auch den anderen zukommt und mit dem Besonderen der andern sich zum Ganzen des einen göttlichen Lebens fügt.[116] In theologischer Fachsprache wird dies als „Pe-

---

116 Dieser Sachverhalt lässt sich veranschaulichen am Beispiel des menschlichen Leibes. Hier hat jedes Glied und Organ eine bestimmte, ihm eigentümliche Funktion. So ist die Lunge etwa für die Sauerstoffversorgung des Leibes zuständig. Aber diese ihre „Besonderheit" *ist* nur, weil sie für das Ganze des Leibes ist. Durch sie wird alles mit dem lebenswichtigen Sauerstoff versorgt. Das „Besondere" wird im Organismus zum „Allgemeinen". Umgekehrt könnte aber auch die Eigentümlichkeit der Lunge nicht sein, wenn ihre „Besonderheit" nicht vom „Allgemeinen" des Leibes getragen

richorese" bezeichnet, als ein „gegenseitiges Sich-Durchdringen", wie es etwa in Joh 10,38 zum Ausdruck kommt: „Erkennt, dass der Vater in mir ist und ich im Vater bin." Mit den Worten des großen byzantinischen Theologen Johannes Damaszenus gesagt: Die göttlichen Personen „durchdringen einander, ohne sich zu vermengen, ... vielmehr so, dass sie sich miteinander verbinden. ... Es ist ein- und dieselbe Lebensbewegung; ein einziger ist der Dynamismus der drei Personen"[117]. Und so stehen diese weder tritheistisch nebeneinander, noch verschmilzt ihr je spezifisches „Antlitz" mit dem der anderen, sondern sie sind in so enger Gemeinschaft verbunden, dass das Gebet an eine bestimmte Person sich zugleich auch an die anderen richtet.

Dieser zweite „Aspekt" trinitarischen Betens lädt also eindringlich dazu ein, im Gebet nicht einem einsamen, uns unendlich entzogenen Gott gegenüberzutreten, sondern uns in die trinitarische Communio Gottes buchstäblich hineinnehmen zu lassen. Dadurch halten wir nicht zuletzt auch unsere Aufmerksamkeit dafür wach, dass ebendiese Gemeinschaft Gottes Sinn und Ziel unseres Lebens, Tuns und Lassens ist.

---

würde. Das organische Leben eines Leibes ist damit ein schwaches Bild für interpersonales Leben und Wirken: Was der eine an Besonderem besitzt, hat er für den/die andern, das hat er aber auch – jedenfalls weithin – von ihnen her (beim Menschen: von Eltern, Erziehung, Umwelt, Gesellschaft).

117 Johannes Damascenus, De fide orthodoxa 1,14.

4. Die Perspektive der Weltreligionen: „Oratio una in rituum varietate"

(Variation eines Wortes von Nikolaus v. Kues[118])

Die Unterscheidung der trinitarischen Personen kann nicht nur prägend sein für nur unsere jeweilige Gebets-„Adressierung" und die entsprechenden Gebetsgehalte, sie kann uns auch bewusster und tiefer in die Solidarität mit dem Gebet anderer Religionen führen.

Prinzipiell gibt es das Phänomen des Betens in fast jeder Religion, so dass gerade das Gebet als das erfahren wird, was allen gemeinsam ist und zutiefst verbindet. Allerdings zeigt sich bei näherem Zusehen, dass Beten in höchst unterschiedlicher Weise geschieht. Kein Wunder, da nicht nur für das Christentum, sondern für alle Religionen irgendwie die Definition zutrifft: Gebet ist „sprechender Glaube". Und da der Glaube an Gott bzw. an ein „Letztes" und „Unhintergehbares" in den verschiedenen Religionen ganz unterschiedliche Ausprägungen besitzt, nimmt auch das korrespondierende Beten entsprechend differente Formen an.

In den letzten Jahren haben einige Theologen darauf hingewiesen, dass der Unterschied von Vater, Sohn und Heiligem Geist – wie der christliche Trinitätsglaube ihn versteht – eine verblüffende Entsprechung zu den Grundtypen des Gottesbildes der großen Weltreligionen und damit auch zu den Grundtypen des Betens aufweist. Gehen wir dem im Einzelnen nach.

---

118 Das Originalwort des Cusaners lautet: Religio una in rituum varietate.

Erster Grundtypus

Gott ist das uns entzogene unendliche Geheimnis, niemand kann ihn sehen, ohne zu sterben; er ist der „ganz andere", der „Namenlose". Man kann durchaus in einem richtigen Sinn sagen. ER ist nicht, er besitzt kein Sein. Denn da Gott die *Quelle* allen Seins ist, kann er *dieses selbst* nicht sein. Indem man auf Gott die Bezeichnung „Nichts" anwendet, bringt man seine ihn von allen anderen Wirklichkeiten radikal unterschiedene Realität zum Ausdruck. Darum ist ehrfürchtiges Schweigen angesichts des unendlichen Geheimnisses Gottes die angemessenste Gebetshaltung.

Diese religiöse Einstellung findet sich in allen so genannten apophatischen Religionen, d. h. in Religionen, für die Gott in solch absoluter Transzendenz steht, dass über ihn nur in Negationen (ER ist nicht dies oder das, nicht so oder so) gesprochen werden kann. Hier sind vor allem die religiöse Welt des Buddhismus zu nennen oder mystische Erfahrungen quer durch alle Religionen. Überall ist hier das letzte „Wort" über Gott das *Schweigen*. Denn in dem Augenblick, da man denkend oder sprechend Gott gegenüber einen Standpunkt einnimmt, objektiviert man ihn, d. h. macht man ihn zu einem Objekt unter anderen Objekten; im Versuch, ihn zu be-greifen und damit zu er-greifen, ver-greift man sich an ihm, dem Unfassbaren.

Diesem Typus des Gottesbildes entspricht im christlichen Trinitätsglauben der Vater. Dieser ist nicht nur der uns entzogene Urgrund aller geschaffenen Wirklichkeit, sondern auch des göttlich-trinitarischen Seins. Er ist das unfassbar-abgründige Geheimnis des Sich-Verschenkens. In diesem Sinn ist ER „das Schweigen". Zwar spielt diese Bezeichnung im christlichen Glauben keine entscheidende Rolle, wohl deshalb, weil sie zur Zeit der frühchristlichen Entwicklung der Trinitätslehre von gnostischen Irrlehren besetzt war. Doch findet sich bei

Ignatius v. Antiochien die Bemerkung, dass der Sohn, das göttliche Wort, „ausging vom Schweigen" (IgnMag 8,2).[119] Zudem wird in der frühen christlichen Ikonographie der Vater nie als solcher dargestellt, sondern stets nur in Zeichen, die auf seine Verborgenheit verweisen (Wolke, leerer Thron u. dgl.). Nicht zuletzt verstand sich große christliche Theologie immer als „theologia negativa", deren letztes Wort das Verstummen ist. Deshalb ist die spezifische „Sprache" des Gebets, das sich an den Vater richtet und sich als vor ihn gestellt erfährt, die schweigende Anbetung seines unendlichen Geheimnisses. Eine solche Gebetsweise verbindet somit das Christentum mit allen Religionen dieses Typus.

Zweiter Grundtypus

Gott ist jemand, der aus seiner entzogenen Transzendenz heraustritt und den Menschen anspricht. Deshalb kann man mit ihm in Dialog treten und Kommunikation haben. Indem er uns nahegekommen ist und sich uns offenbart hat, können wir ihm Namen geben, sein Wort und seine Weisung vernehmen, auf sein Wirken vertrauen und seiner Verheißung, die uns ewiges Leben in Gemeinschaft mit ihm zusagt, Glauben schenken.

Dieser Grundtypus des Gottesbildes ist der des Theismus, welcher außer im Christentum z. B. auch im Judentum und Islam seinen Platz hat. Hier tritt man zu dem Gott, der auf den Menschen zugegangen ist und ihm sein Wort hat zukommen lassen, in ein „persönliches Verhältnis" und lässt sich von ihm zu einem heilvollen Ziel führen. Im christlichen Trinitätsglauben steht für dieses Gottesbild die zweite göttliche Person, der

---

119 Diese Stelle wird von manchen Patrologen allerdings auch anders gedeutet.

Sohn. Faktisch wurde dieses am „Sohn" gewonnene Gottesbild dann auch auf den „Vater" übertragen, und dies zu Recht, wenn man das Wort des johanneischen Christus ernst nimmt: „Wer mich sieht, sieht den Vater" (Joh 14,9): In Christus hat sich auch der Vater (mittelbar) greifbar, erkennbar und ansprechbar gemacht. Allerdings liegt die Gefahr nahe, zu übersehen, dass der Vater nicht einfach eine „Verlängerung" oder „Verdoppelung" des Sohnes ist,[120] sondern „größer" ist als dieser (Joh 10,29; 14,28). Das heißt: Seine Wirklichkeit gründet in Urtiefen, die nicht einfach im Sohn sichtbar und greifbar werden. Deshalb gehört der Vater zum „ersten Grundtypus".

Der Glaube an einen persönlich nahegekommenen und darum fassbar gewordenen Gott führt zu einem dezidert „persönlichen" Gebet in dem Sinn, dass man – ähnlich wie Juden, Moslems und Gläubige vieler so genannter Naturreligionen – Gott mit Du anspricht und mit ihm „wie mit einem guten Freund verkehrt" (Teresa v. Avila). Gerade diese Weise des Gebets, in dem der Beter sich Gott gegenübergestellt weiß, ist den meisten Christen geläufig und selbstverständlich, so sehr, dass oft kaum noch andere Gebetsweisen bekannt sind.

Dritter Grundtypus

Gott ist die radikale Innerlichkeit allen Seins. Damit ist jene tiefste Ganzheit gemeint, in der Gott und Kosmos eins sind, das „Herz" aller Wirklichkeit, jener „Punkt", in dem alle Spezifika, Unterschiedenheiten, „Selbstheiten" überwunden sind und die Einheit eines jeden mit allem anderen gegeben ist. Nicht zu dieser Identitätserfahrung finden bedeutet für die Religionen dieses Typus' falsches Selbstverständnis, Ichwahn, Fi-

---

120 Von daher ist auch die erst seit dem Mittelalter übliche ikonographische Darstellung des Vaters als die eines alten Mannes mehr als problematisch.

xiertsein in Endlichkeit. Während im ersten Typus der Mensch anbetend vor dem unendlichen Geheimnis steht und im zweiten Typus der Blick auf ein personales Verhältnis von Gott und Mensch gerichtet ist, kommt in diesem Gottesbild die Ganzheit, Fülle und alles umgreifende Einheit des Göttlichen zur ausschließlichen Geltung.

Von diesem Verständnis legen vor allem einige Formen des Hinduismus (zumal die Upanishaden) Zeugnis ab. Darüber hinaus findet es sich auch in manchen Formen der Mystik (Meister Eckhard), wo nicht mehr der Dialog mit Gott die entscheidende Rolle spielt, sondern das „Bewusstsein", in das „Meer" (bei Meister Eckhard: in die „Wüste") des Absoluten eingetaucht zu sein, ja in ihm aufzugehen.

Aus christlicher Sicht ist hier eine gewisse Nähe zum Heiligen Geist gegeben: Er ist derjenige, welcher sowohl Vater und Sohn miteinander wie auch alles Geschaffene mit Gott und untereinander verbindet und so die Einheit in aller Differenz ist. Wenn der Vater die Quelle des Seins ist und der Sohn der Strom, welcher der Quelle entspringt, dann ist – so R. Panikkar –

„der Geist sozusagen das Endziel, der grenzenlose Ozean, in dem sich der Fluss des göttlichen Lebens vervollständigt, zur Ruhe kommt und sich erfüllt. ... Zum Geist kann man [deshalb] auch keine ‚persönliche Beziehung' haben. ... Mit dem Geist gibt es nur eine beziehungslose Vereinigung. Man kann nur im Geist beten, ... der in uns betet"[121].

Auch wenn man nicht jedem Teil der Aussage Panikkars zustimmt, hat er gewiss darin Recht, dass ein solches Beten im Geist uns mit vielen gläubigen Menschen aus asiatischen Religionen vereint und darüber hinaus mit nicht wenigen

---

121 So: R. Panikkar, Trinität, München 1993, 44, ein Werk, das auch für den ganzen Abschnitt wichtig war.

Mystikern,[122] die ihre Gebetsbeziehung zu Gott in der „gehalt- und beziehungslosen" Vereinigung im und mit dem Heiligen Geist finden.

So zeigt sich der Glaube an den drei-einen Gott als ein gewaltiges Potential, die verschiedensten Gottesbilder und die ihnen entsprechenden Gebetsweisen widerspruchsfrei zu integrieren, sie von innen her zu verstehen und gelten zu lassen. Indem der christliche Trinitätsglaube aber zum Gebet an den drei-einen Gott drängt, überwindet er zugleich die Einseitigkeiten von Gebetsformen, die jeweils nur auf ein einziges „Antlitz" Gottes blicken. Trinitarisches Beten ist mithin nicht nur Antwort auf die trinitarische Selbstoffenbarung Gottes, sondern führt auch in die ganze Weite und Vielfalt religiöser Erfahrungen.

5. Der drei-eine Gott – das Geheimnis unüberbietbarer Nähe

Gegen all dies kann sich ein Einwand erheben: Verkompliziert das Beten im Angesicht des trinitarischen Gottes nicht das „einfache" Beten, das sich als vor eine einzige „Gottperson" gestellt erfährt? Wird die „einfache" Gebetssituation, in der sich das bedürftige Geschöpf an den Schöpfer wendet, nicht durch die trinitarische Dimension „unübersichtlich"?

Ganz und gar nicht! Die Ursituation des Gebets ist und bleibt die Anerkennung des Schöpfers durch das Geschöpf. Aber der Glaube an den drei-einen Gott sagt, dass der Schöp-

---

[122] M. Heinrichs, Christliche Offenbarung und religiöse Erfahrung im Dialog, Paderborn 1984, 81 weist auf das frappierende Faktum hin, dass sich in diesem Punkt die Aussagen von Mystikern in ganz unterschiedlichen Religionen gleichen.

fer, der sich als solcher in einem unendlichen Abstand über das Geschöpf erhebt, in unerhörter Weise nahegerückt ist. Trinitarisches Beten macht mit dieser radikalen Nähe Gottes ernst: (1) Es stellt sich ganz hinein in die vorbehaltlose Bewegung Gottes zum Menschen und lässt sich im Heiligen Geist durch den Sohn und mit ihm zum Vater führen. (2) Es weiß sich hineingenommen *in die* (und nicht nur gegenübergestellt *zur)* Communio, die Gott selbst ist, und darf sich unmittelbar an jede der drei Personen mit ihrem je unterschiedenen „Antlitz" wenden. (3) Es stimmt ein in die vielfältigen Gebetsweisen anderer Kulturen und Religionen, weil der drei-eine Gott einen Raum unendlicher Weite für die Begegnung mit dem Menschen erschlossen hat.

All das ist nicht kompliziert! Im Grunde lässt sich trinitarisches Beten auf die Formel bringen: Lass dich im Gebet schlicht und einfach in die nicht zu überbietende Nähe Gottes, in die Gemeinschaft seiner unendlichen Liebe hineinfallen, die uns von allen Seiten umfängt: Gott ist „über uns", er ist „mit uns und neben uns", er ist „in uns". „In ihm leben wir, bewegen wir uns und sind wir" (Apg 17,28). Beten im Angesicht des drei-einen Gottes weiß sich vom Geheimnis seiner unüberbietbaren Nähe umschlossen. Und in dieser Nähe leben, aus dieser Nähe sein Leben gestalten und in die trinitarische Communio hineinwachsen ist letztlich das A und O aller Spiritualität und damit auch letzte Antwort auf die Frage Walthers von der Vogelweide: Wie man sein Leben in der Welt führen soll.

Schriftstellenverzeichnis

Gen 1,27f 44
Gen 3,8 59
Gen 12,1f 60f
Gen 15,15 155
Gen 25,8 155
Gen 35,29 155

Num 14,21 135

Dtn 30,11ff 72
Dtn 30,15 111
Dtn 32,39 155

Ri 8,32 155

2 Sam 14,14 155

1 Kön 17,2ff 110
1 Kön 18,21 110

1 Chr 23,1 155
1 Chr 29,28 155

2 Chr 24,15 155

Ps 19 135
Ps 22 160
Ps 29 135

Ps 33,5 135
Ps 36,10 154
Ps 50 135
Ps 83,6 156
Ps 97 135

Sir 15,21 145

Spr 14,27 157

Weish 6,14 145
Weish 7 135

Ijob 2,4 154
Ijob 5,26 155
Ijob 42,17 155

Jes 2,1f 38
Jes 19,24 38
Jes 40,5 173
Jes 40,6 155
Jes 53,2 143

Jer 20 79

Hos 2,16 123

Amos 6,7 23

Mt 6,26ff   148
Mt 10,43f   40
Mt 13,55f   93
Mt 25,31ff   143
Mt 27,47   160

Mk 1,35   91
Mk 3,12f   62f
Mk 8,34ff   159
Mk 10,29f   159
Mk 15,34   160

Lk 2,39f   91, 95
Lk 2,41f   91
Lk 2,51f   91, 93, 95
Lk 4,16   95
Lk 9,60   159
Lk 10,42   106
Lk 12,15ff   159
Lk 13   148

Joh 1,46   93
Joh 5,15   91
Joh 6,42   93
Joh 7,4   91
Joh 7,10   91
Joh 8,59   91
Joh 10,29   196
Joh 10,38   192
Joh 11,52   39
Joh 11,54   91
Joh 14,9   31, 196
Joh 14,28   196
Joh 15,26   31
Joh 16,14   31
Joh 17,21ff   42
Joh 21,18   77

Apg 17,28   145, 190, 199

Röm 1,18   145
Röm 1,19   136
Röm 1,20   145
Röm 6,23   158
Röm 8,3   143
Röm 8,15   188
Röm 8,24   171, 183
Röm 8,26   188
Röm 8,36   163f
Röm 12   68
Röm 14,8   163

1 Kor 3,21   164
1 Kor 10,16f   52
1 Kor 11,20ff   52
1 Kor 12,11   17
1 Kor 12, 19f   17
1 Kor 15,26   155
1 Kor 15,28   31, 54
1 Kor 15,30   163
1 Kor 15,31   168
1 Kor 15,32   167

2 Kor 4,7ff   163
2 Kor 4,10f   143
2 Kor 5,14f   165
2 Kor 5,15   158
2 Kor 5,21   143
2 Kor 6,9   163

Gal 2,20   80
Gal 3,13   143
Gal 4,19   76
Gal 6,17   163

Eph 1,10   43, 149
Eph 5,15   82

Phil 1,20   164
Phil 2,6ff   94

Kol 1,20   43

1 Thess 4,13   167

1 Petr 2,24   143
1 Petr 4,10   64

1 Joh 1,4   163
1 Joh 4,16   50

Hebr 1,2   74
Hebr 2,15   168
Hebr 10,33   168
Hebr 11,8   60

Offenb 3,20   82

Namensverzeichnis

Anselm v. Canterbury 133
Antonios d. Gr. 116
Aristoteles 141
Assmann, J. 112
Athanasius 105, 116
Augustinus 52f, 128, 169, 178

Baader, F. von 129
Balthasar, H. U. von 77ff, 138f
Bamberg, C. 117
Barat, D. 120
Bayer, O. 138
Ben Chorin, Sch. 89
Benedikt v. Nursia 17, 107
Bergmann, C. 111
Bimwenyi-Kweshi, O. 145
Böhnke, M. 50
Bonaventura 128f
Bonhoeffer, D. 88
Bornkam, G. 136
Bours, H. 89
Brecht, B. 146
Buber, M. 58

Camus, A. 21, 24
Cardenal, E. 150
Carretto, C. 122
Casper, B. 95, 100

Cicero 169f
Cyrill v. Jerusalem 168f

Delfieux, P. M. 122
Delp, A. 101, 103, 126
Duquoc, Ch. 173

Eichendorff, J. v. 149

Faber, E.-M. 70f
Flight, J. W. 111
Foucauld, Ch. de 17, 92, 107, 113f, 119ff, 144
Franz v. Assisi 17, 107, 144, 149, 164f
Freud, S. 22, 24, 149
Fried, E. 152f

Ganoczy, A. 39
Gauthier, P. 92
Greshake, G. 18, 26, 29, 46, 87, 92, 101, 126
Gruber, M. 162
Grün, A. 105

Hamann, J. G. 138
Harnack, A. von 170
Hegel, G. W. F. 129
Heidegger, M. 86, 96f

Heinrichs, M.   198
Hemmerle, Kl.   50, 61
Heschel, A. J.   24
Hesse, H.   69
Höhn, H.-J.   22 f
Hommes, U.   47

Ignatius v. Antiochien   195
Ignatius v. Loyola   27, 84 ff, 188

Jeremias, J.   40
Johannes Damascenus   117
Johannes v. Kreuz   144
Jüngel, E.   150

Kant, I   132
Käsemann, E.   160
Kehl, M.   125 f
Kentenich, J.   129 f
Kern, W.   134
Kessler, H.   171 f
Klaus v. d. Flüe   107
Knierim, R.   135
Kretschmar, G.   173

Lambert, W.   81
Lehmann, K.   182
Lengerke, G. von   80
Lubac, H. de   53, 174
Luther, M.   60, 66, 128

Marquard, O.   98 f
Meister Eckhard   197
Mendelsohn, M.   89
Menke, K.-H.   61 f
Miller, B.   104
Moltmann, J.   54 f
Müller, M.   25

Nietzsche, Fr.   107
Nikolaus v. Kues   137, 193
Nobis, H. M.   128

Origenes   174

Panikkar, R.   197
Pascal, Bl.   75, 142, 146
Pesch, O. H.   186
Petrus Canisius   27
Platon   160
Postman, N.   147
Pröpper, Th.   97
Przywara, E.   77

Rad, G. von   128, 135
Rahner, K.   32, 77 ff, 86, 182
Rilke, R. M.   69
Rootmensen, B.   124
Roth, C.   84
Rückert, H.   145

Sartre, J. P.   70
Schaller, H.   76, 86 f, 89
Schelling, Fr. W. J.   129
Scheuer, M.   77 f
Schiller, Fr. von   190
Schmitz, Ph.   137
Schneider, M.   77
Schulze, G.   22 f
Schunack, G.   158
Sokrates   160
Spaemann, H.   82
Sperber, M.   98
Splett, J.   137
Strobel, A.   160

Taubes, J.   180
Teresa v. Avila   113
Tertullian   128, 177

Theissen, G.   41
Theunissen, M.   180
Thomas v. Aquin   53, 134, 137 f, 141
Thomas v. Celano   149
Thüsing, W.   171

Voillaume, R.   94, 121

Wagner, F.   65
Walther v. d. Vogelweide   9 f, 19, 199
Wanke, J.   114 f
Weger, K.-H.   28
Wittgenstein, L.   24

Zulehner, P.   108

Nachweise

Das vorliegende Buch als Ganzes und in all seinen Teilen wurde zwar von Grund auf neu geschrieben, jedoch blieben Aufbau sowie viele Passagen und Abschnitte aus früher veröffentlichten Beiträgen (die je als solche erheblich gekürzt, erweitert oder modifiziert wurden) erhalten. In diesem Sinne wird im Folgenden auf die jeweils erstpublizierte Fassung verwiesen.

Der eine Spiritus und die vielen Spiritualitäten: Spiritualität, in: U. Ruh / D. Seeber / R. Walter (Hrg.), Handwörterbuch religiöser Gegenwartsfragen, Freiburg i. Br. 1986, 443–448.

Wozu sind wir auf Erden?, in: „Wozu sind wir auf Erden?" Eine unausrottbare Frage und ein neuer Antwortversuch, in: GuL 72 (1999) 163–176. Einbezogen wurde auch: „Wozu leben wir eigentlich?", in: IntamsR 14 (2008) 231–241 sowie: Eucharistie, in: W. Fürst / J. Werbick, Katholische Glaubensfibel, Freiburg i. Br.-Birnbach 2004, 214–218.

Hören auf den Ruf, in: Wie ist Gottes Ruf erkennbar?, in G. Greshake (Hrg.), Ruf Gottes – Antwort des Menschen, Würzburg 1991, 97–125.

Alltag und Fest, in: Die Spiritualität von Nazaret, in: IkZ 33 (2004) 20–34.

„*Die Wüste gehört dazu*" *(A. Delp)*, Vortrag in der Karl-Rahner-Akademie, Köln, am 23.4.2008. In dieser Form unveröffentlicht. Wesentliche Teile finden sich aber in meinem Beitrag „Geistliche Dimension von Wüste", in: Spiritualität entdecken, hrg. von der Kath. Akademie München 2004, 35–50.

„*In allen Dingen Gott finden*", in: Zur Integration von Gottesglaube und Welterfahrung, in: G. M. Boll / L. Penners (Hrg.), Integration. Interdisziplinäres Symposion zum 100. Geburtstag P. Joseph Kentenichs, Vallendar-Schönstatt 1986, 149–162.

Tod im Leben – Leben im Tod, Vortrag auf dem Symposion „endlich-ewig", Linz, 8.11.2008. In dieser Form unveröffentlicht. Einige wesentliche Teile finden sich aber in meinem Beitrag „Sterben in theologischer Perspektive", in: M. Herzog (Hrg.), Sterben, Tod und Jenseitsglaube, Stuttgart u. a. 2001, 89–99.

„*Christen sind die, die Hoffnung haben*", in: Der Glaube an die Auferstehung der Toten – Konsequenzen für das christliche Menschenverständnis, in: D. Bader (Hrg.), Freiburger Akademiearbeiten 1979–1989, München-Zürich 1989, 284–303.

Beten im Angesicht des drei-einen Gottes, in: Beten im Angesicht des drei-einen Gottes, in: W. Lambert / M. Wolfers (Hrg.), Dein Angesicht will ich suchen, Freiburg i. Br. 2005, 48–63.